斯尔教育 SINCERE EDU | 斯维导图

会计专业技术初级资格考试辅导用书

初级会计实务

斯尔教育　组编

斯维导图

電子工業出版社
Publishing House of Electronics Industry
北京 · BEIJING

图书在版编目（CIP）数据

初级会计实务 / 斯尔教育组编. -- 北京 : 电子工业出版社, 2025. 2. --（会计专业技术初级资格考试辅导用书）. -- ISBN 978-7-121-49330-0

Ⅰ. F233

中国国家版本馆CIP数据核字第20245VH392号

责任编辑：张春雨
印　　刷：天津鸿景印刷有限公司
装　　订：天津鸿景印刷有限公司
出版发行：电子工业出版社
　　　　　北京市海淀区万寿路173信箱　　　　邮编：100036
开　　本：787×1092　1/16　　印张：7.5　　字数：283千字
版　　次：2025年2月第1版
印　　次：2025年2月第1次印刷
定　　价：37.00元（全两册）

凡所购买电子工业出版社图书有缺损问题，请向购买书店调换。若书店售缺，请与本社发行部联系，联系及邮购电话：（010）88254888，88258888。

质量投诉请发邮件至zlts@phei.com.cn，盗版侵权举报请发邮件至dbqq@phei.com.cn。

本书咨询联系方式：faq@phei.com.cn。

目录

使用指南

- 新 新增内容
- 变 变动内容
- 背诵和记忆内容
- 关键词句

提示性、拓展性内容

第一章 概述

（考5分）

概述

会计的概念、职能和目标

- **会计的概念和特征**
  - （1）概念 — 以货币为主要计量单位，采用专门方法和程序，对核算主体的经济活动过程及其结果进行准确完整、连续系统的核算和监督，以如实反映受托责任履行情况和提供有用经济信息为主要目的的经济管理活动
  - （2）基本特征
    - ①以货币为主要计量单位
    - ②准确完整性、连续系统性
- **会计职能**
  - （1）基本职能
    - ①会计核算 — 会计主体对经济业务的确认、计量、记录和报告
    - ②会计监督（涉及关键字：审核、审查等）
    - 两者之间关系：“相辅相成、辩证统一”；“核算是监督的基础，监督是核算的保障”
  - （2）拓展职能
    - ①预测经济前景
    - ②参与经济决策
    - ③评价经营业绩
- **会计目标** — 向财务报告使用者提供企业财务状况、经营成果和现金流量等有关的会计资料和信息，反映企业管理层受托责任履行情况，有助于财务报告使用者做出经济决策，不断提高企业经济效益和效率

会计基本假设和会计基础

- **会计基本假设**
  - （1）会计主体 — 会计工作服务的特定对象，是企业会计确认、计量、记录和报告的空间范围（法律主体一定是会计主体，会计主体不一定是法律主体）
  - （2）持续经营 — 在可以预见的将来，企业将会按当前的规模和状态继续经营下去，不会停业，也不会大规模削减业务
  - （3）会计分期 — 将一个企业持续经营的生产经营活动划分为一个个连续的、长短相同的期间（会计分期的前提是持续经营）
  - （4）货币计量 — 会计在确认、计量、记录和报告时主要以货币作为计量单位
- **会计基础**
  - （1）权责发生制：一般企业会计、政府会计中的财务会计实行权责发生制
  - （2）收付实现制：政府会计中的预算会计实行收付实现制，国务院另有规定的，从其规定

- **可靠性** — 如实反映符合确认和计量要求的会计要素及其他相关信息，保证会计信息真实可靠、内容完整
- **相关性** — 企业提供的会计信息应当与财务会计报告使用者的经济决策需要相关

会计信息质量要求

- 可理解性 — 企业提供的会计信息应当清晰明了
- 可比性
  - (1) 同一企业不同时期可比（纵向可比）
  - (2) 不同企业相同会计期间可比（横向可比）
- 实质重于形式 — 经济实质重于法律形式
- 重要性 — 从性质和金额等多方面加以判断
- 谨慎性
  - (1) 不应高估资产或收益，不应低估负债或费用
  - (2) 例如计提减值准备、计提坏账准备、计提存货跌价准备
- 及时性 — 不得提前或延后

会计人员职业道德规范

- 会计职业道德内容
  - (1) 坚持诚信，守法奉公
  - (2) 坚持准则，守责敬业
  - (3) 坚持学习，守正创新
- 会计职业道德管理
  - (1) 增强会计人员诚信意识
  - (2) 建设会计人员信用档案
  - (3) 会计职业道德管理的组织实施
  - (4) 建立健全会计职业联合惩戒机制
- 会计职业道德与会计法律制度的联系与区别
  - (1) 联系
    - ①内容上相互渗透、相互吸收
    - ②作用上相互补充、相互协调
  - (2) 区别

项目	性质	作用范围	表现形式	保障制度	评价标准
会计职业道德	自律性	外在行为及内在精神	不成文及成文规范	监管、教育、舆论、习惯、道德	行政规范、道德评价
会计法律制度	他律性	外在行为	成文规定	国家强制力	法律规定

概述

会计准则制度体系概述

企业会计准则体系概述

- （1）企业会计准则体系
  - ①基本准则
  - ②具体准则
  - ③准则解释
  - ④会计处理
- （2）小企业会计准则 — 主要适用于符合《中小企业划型标准规定》所规定的小型企业标准的企业，但以下三类小企业除外
  - a. 股票或债券在市场上公开交易的小企业
  - b. 金融机构或其他具有金融性质的小企业
  - c. 企业集体内的母公司和子公司

政府会计准则体系概述

- （1）适用范围
  - ①各级政府 — 各级政府财政部门负责的财政总会计
  - ②各部门、各单位 — 与本级政府财政部门直接或者间接发生预算拨款关系的国家机关，军队、政党组织、社会团体、事业单位和其他单位
- （2）政府会计准则体系
  - ①基本准则
  - ②具体准则及应用指南
  - ③会计制度
  - ④会计准则制度解释
- （3）政府会计制度
  - ①政府财政总会计制度
  - ②政府单位会计制度

笔记区

- 会计要素及其确认与计量
  - 会计要素及其确认条件

拓展等式：资产 = 负债 + 所有者权益 + 收入 − 费用

- （1）资产
  - ①定义 — 企业过去的交易或者事项形成的、由企业拥有或者控制的、预期会给企业带来经济利益的资源
  - ②确认条件
    - a. 与该资源有关的经济利益很可能流入企业
    - b. 该资源的成本或者价值能够可靠地计量
  - ③分类
    - a. 流动资产
    - b. 非流动资产
- （2）负债
  - ①定义 — 企业过去的交易或者事项形成的、预期会导致经济利益流出企业的现时义务
  - ②确认条件
    - a. 与该义务有关的经济利益很可能流出企业
    - b. 未来流出的经济利益的金额能够可靠地计量
  - ③分类
    - a. 流动负债
    - b. 非流动负债
- （3）所有者权益
  - ①定义 — 资产扣除负债后，由所有者享有的剩余权益
  - ②来源
    - a. 所有者投入的资本：实收资本、资本公积
    - b. 其他综合收益
    - c. 留存收益：盈余公积和未分配利润

会计基本等式（1）：资产 = 负债 + 所有者权益
与资产负债表相关，反映企业财务状况的静态要素

- （4）收入 — 定义 — 企业在日常活动中形成的、会导致所有者权益增加的、与所有者投入资本无关的经济利益的总流入
- （5）费用 — 定义 — 企业在日常活动中发生的、会导致所有者权益减少的、与向所有者分配利润无关的经济利益的总流出
- （6）利润 — 来源
  - a. 收入减去费用后的净额
  - b. 直接计入当期利润的利得和损失等

利得，是指由企业非日常活动所形成的、会导致所有者权益增加的、与所有者投入资本无关的经济利益的流入；
损失，是指由企业非日常活动所发生的、会导致所有者权益减少的、与向所有者分配利润无关的经济利益的流出

会计基本等式（2）：收入 − 费用 = 利润
与利润表相关，反映企业经营成果的动态要素

会计基础

- 会计要素计量属性及其应用原则
  - (1) 历史成本 — 强调“过去时”（主要应用：资产、负债）
  - (2) 重置成本 — 强调“重新取得相同程度”（主要应用：盘盈固定资产）
  - (3) 可变现净值（主要应用：存货期末计量）
    - ①强调“净值”
    - ②可变现净值 = 估计售价 − 进一步加工成本 − 估计的销售费用和税金
  - (4) 现值 — 强调“折现后”（主要应用：租赁负债的确认）
  - (5) 公允价值 — 强调“有序交易”（主要应用：交易性金融资产等）

会计科目和借贷记账法

- 会计科目分类（根据会计科目设置账户）
  - (1) 按核算的经济内容分类
    - ①资产类 — 固定资产、交易性金融资产等（期末借方余额 = 期初借方余额 + 本期借方发生额 − 本期贷方发生额）
    - ②负债类 — 预收账款、递延收益等
    - ③所有者权益类 — 本年利润、利润分配等

      （②③：期末贷方余额 = 期初贷方余额 + 本期贷方发生额 − 本期借方发生额）
    - ④成本类 — 制造费用、研发支出等
    - ⑤损益类 — 主营业务成本、信用减值损失等（无余额）
    - ⑥共同类 — 初级暂不涉及
  - (2) 按详细程度及统驭关系分类
    - ①总分类科目
    - ②明细分类科目
- 借贷记账法
  - (1) 账户结构 — T 型账户［变形：资产（成本）+ 费用 = 负债 + 所有者权益 + 收入］

    等式左边借增贷减；等式右边借减贷增。
    注：会计等式不是简单的数学公式，会计等式只有两个基本等式和一个拓展等式，此公式不作为会计等式记忆，只是为了方便记忆账户结构
  - (2) 记账规则 — 有借必有贷、借贷必相等
  - (3) 会计分录
    - ①一借多贷
    - ②多借一贷
    - ③多借多贷

会计基础

- 会计科目和借贷记账法
  - 借贷记账法 — （4）试算平衡 — 分类
    - a. 发生额试算平衡
      - Ⅰ. 全部账户本期借方发生额合计 = 全部账户本期贷方发生额合计
      - Ⅱ. 依据：有借必有贷，借贷必相等
    - b. 余额试算平衡
      - Ⅰ. 全部账户借方期末（初）余额合计 = 全部账户贷方期末（初）余额合计
      - Ⅱ. 依据：资产 = 负债 + 所有者权益

- 会计凭证
  - （1）原始凭证
    - ①作用 — 记载经济业务的发生过程和具体内容
      - 应当有经办单位负责人或者其授权人员的签名或者盖章 新
    - ②分类
      - a. 按取得来源分类
        - Ⅰ. 自制原始凭证 — 领料单、产品入库单、借款单
        - Ⅱ. 外来原始凭证 — 发票、机票、火车票
        - 从外单位取得的原始凭证，必须盖有填制单位的公章或者发票（收费、财务）专用章，或者法律、法规规定的其他签章
        - 从个人取得的原始凭证，必须有填制人员的签名或者盖章
        - 对外开出的原始凭证，必须加盖本单位公章或者发票（收费、财务）专用章，或者法律、法规规定的其他签章 新
      - b. 按格式分类
        - Ⅰ. 通用凭证 — 银行转账结算凭证、发票
        - Ⅱ. 专用凭证 — 领料单、差旅费报销单、折旧计算表、工资费用分配表
      - c. 按填制手续和内容分类
        - Ⅰ. 一次凭证 — 收据、收料单、发票、银行结算凭证
        - Ⅱ. 累计凭证 — 限额领料单
        - Ⅲ. 汇总凭证 — 发料凭证汇总表
    - ③基本内容
      - a. 凭证的名称
      - b. 填制凭证的日期
      - c. 填制凭证单位名称和填制人姓名
      - d. 经办人员的签名或者盖章
      - e. 接受凭证单位名称
      - f. 经济业务内容
      - g. 数量、单价和金额
      - 原始凭证包括电子原始凭证。来源可靠、程序规范、要素合规的电子原始凭证与纸质原始凭证具有同等法律效力，可以直接作为入账依据。以电子原始凭证的纸质打印件作为入账依据的，必须同时保存该纸质件的电子原始凭证 新
    - ④审核
      - a. 内容
        - Ⅰ. 真实性
        - Ⅱ. 合法性、合理性
        - Ⅲ. 完整性
        - Ⅳ. 正确性
      - b. 针对错误的处理方式
        - Ⅰ. 金额出错 — 只能由出具单位重开
        - Ⅱ. 其他错误 — 出具单位重开或更正，更正处应加盖出

会计凭证和会计账簿

原始凭证 —审核无误→ 记账凭证 —经过审核→

会计账簿 —分析填列→ 会计报表

- (2) 记账凭证
  - ②分类 — 按反映经济业务内容分类
    - Ⅰ. 收款凭证
    - Ⅱ. 付款凭证
    - Ⅲ. 转账凭证
    - （Ⅰ、Ⅱ：出纳人员签名或盖章）
- (3) 会计凭证的保管（变）
  - ①原始凭证的遗失（经办单位会计机构负责人（会计主管人员）和单位负责人或其授权人员批准后，代作原始凭证）
    - a. 可以取得原签发单位盖有公章的证明 — 注明原始凭证的号码、金额、内容等
    - b. 无法取得原签发单位盖有公章的证明 — 当事人写明详细情况并签名
  - ②会计凭证登记完毕后，应当按照分类和编号顺序保管，不得散乱丢失
  - ③记账凭证应当连同所附的原始凭证或者原始凭证汇总表，按照编号顺序进行整理保管
  - ④一般不得对外借出，确因工作需要且根据国家有关规定必须借出的，应当严格按照规定办理相关手续；其他单位如有特殊原因，确有需要时，经本单位会计机构负责人（会计主管人员）批准，可以复制

会计账簿

- (1) 作用 — 全面、系统、连续地记录各项经济业务和会计事项的簿籍
- (2) 分类
  - ①按用途分类
    - a. 序时账簿 — 库存现金日记账、银行存款日记账
    - b. 分类账簿 — 总分类账簿、明细分类账簿
    - c. 备查账簿 — 按需设置、无固定格式要求
  - ②按账页格式分类
    - a. 三栏式账簿 — 各种日记账、总账以及资本、债权、债务明细账等
    - b. 多栏式账簿 — 收入、成本、费用明细账等
    - c. 数量金额式账簿 — 原材料、库存商品等
  - ③按外形特征分类
    - a. 订本式账簿 — 重要的和具有统驭性的总分类账、库存现金日记账和银行存款日记账
    - b. 活页式账簿 — 明细分类账
    - c. 卡片式账簿 — 固定资产
- (3) 填制
  - ①为保证持久性，防止涂改，必须使用蓝黑墨水或碳素墨水书写，不得使用圆珠笔（银行的复写账簿除外）或者铅笔书写
  - ②库存现金日记账和银行存款日记账必须逐日结出余额
  - ③账簿记录发生错误时，不得刮擦、挖补或用褪色药水更改字迹

会计基础

- **会计凭证和会计账簿**
  - 会计账簿
    - (4) 对账 变
      - ①账证核对 — 账簿记录与会计凭证核对
      - ②账账核对
        - a. 总账有关账户的余额核对
        - b. 总账与明细账核对
        - c. 总账与日记账核对
        - d. 会计机构的财产物资明细账与财产物资保管和使用部门的有关明细账核对
      - ③账实核对
        - a. 现金日记账账面余额与现金实际库存数核对
        - b. 银行存款日记账账面余额与银行对账单核对
        - c. 各项财产物资明细账账面余额与财物实存数额核对
        - d. 各种应收、应付款明细账账面余额与有关债务、债权单位或者个人核对
      - ④账表核对 — 会计账簿与会计报表核对
- **财产清查**
  - 分类
    - (1) 按清查范围分类
      - ①全面清查
        - a. 年终决算前
        - b. 在合并、撤销或改变隶属关系前
        - c. 中外合资、国内合资前
        - d. 股份制改造前
        - e. 开展全面的资产评估、清产核资前
        - f. 单位主要领导调离工作前等
      - ②局部清查
        - a. 库存现金应由出纳员在每日业务终了时清点，做到日清月结
        - b. 发生自然灾害和意外损失时，要对受损失的财产物资进行清查，以查明损失情况
        - c. 上级主管、财政、审计和银行等部门，对本单位进行会计检查，应按检查的要求和范围对财产物资进行清查，以验证会计资料的可靠性
        - d. 开展临时性清产核资时，要对本单位的财产物资进行清查，以便摸清家底
    - (2) 按清查时间分类
      - ①定期清查 — 一般在年末、季末、月末进行
      - ②不定期清查
        - a. 财产物资、库存现金保管人员更换时
        - b. 上级或国家有关部门决定对本单位会计或业务进行审查时
        - c. 开展临时性清产核资时
        - d. 发生自然灾害或意外损失时
    - (3) 按清查的执行系统分类
      - ①内部清查 — 单位内部自行组织清查工作小组
      - ②外部清查 — 上级主管部门、审计机关、司法部门、注册会计师等
  - 方法
    - (1) 库存现金 — 实地盘点法（盘点时出纳人员必须在场）
    - (2) 银行存款 — 与开户银行核对账目
    - (3) 实物资产
      - ①实地盘点法

- (4) 往来款项 — 发函询证法
- 作用 — 保证账实相符

会计账务处理程序

- 记账凭证账务处理程序
  - (1) 适用范围 — 规模较小、经济业务量较少的单位
  - (2) 优点 — 简单明了，易于理解，详细反映经济业务发生情况
  - (3) 缺点 — 登记总账工作量较大
- 汇总记账凭证账务处理程序
  - (1) 适用范围 — 规模较大、经济业务较多的单位
  - (2) 优点 — 减轻登记总账工作量
  - (3) 缺点 — 不利于会计核算的日常分工
- 科目汇总表账务处理程序
  - (1) 适用范围 — 经济业务较多的单位
  - (2) 优点 — 减轻登记总账的工作量，且可以试算平衡
  - (3) 缺点 — 不能反映各个账户之间的对应关系，不利于对账目进行检查

主要区别在于登记总账的依据和方法

会计信息化基础 （变）

- 单位会计信息化建设 — 单位应依法采用现代信息技术开展会计信息化工作，推进本单位的会计信息化建设工作
- 会计数据处理和应用
  - (1) 会计数据处理要求
    - ①单位以电子会计凭证的纸质打印件作为报销、入账、归档依据的，必须同时保存打印该纸质件的电子会计凭证原文件，并建立纸质会计凭证与其对应电子文件的检索关系
    - ②单位以纸质会计凭证的电子影像文件作为报销、入账、归档依据的，必须同时保存纸质会计凭证，并建立电子影像文件与其对应纸质会计凭证的检索关系
  - (2) 电子会计资料的法律效力
    - ①来源可靠、程序规范、要素合规的电子会计凭证、电子会计账簿、电子财务会计报告和其他电子会计资料与纸质会计资料具有同等法律效力，可仅以电子形式接收、处理、生成和归档保存
    - ②符合国家有关电子会计档案管理要求的电子会计档案与纸质会计档案具有同等法律效力
    - ③单位接受外部监督检查机构依法依规查询和调阅会计资料时，对符合国家有关电子会计档案管理规定要求的电子会计资料，可仅以电子形式提供

第三章 流动资产 （考18分）

流动资产

货币资金

- 库存现金
  - （1）管理
    - ①超过结算起点（1 000 元）的支出应当通过银行转账结算（结算起点一般只针对企业）
    - ②企业不得从本单位的现金收入中直接支付（即坐支），因特殊情况需要坐支现金的，应当事先报经开户银行审查批准，由开户银行核定坐支范围和限额
  - （2）清查
    - ①方法 — 实地盘点法（账实核对）
    - ②结果 — 现金盘点报告单（可作原始凭证，据以调整账簿）
    - ③核算
      - a. 总原则 — 通过待处理财产损溢科目，从“账”向“实”调整
      - b. 现金短缺
        - Ⅰ. 责任人或保险公司赔偿 — 其他应收款
        - Ⅱ. 无法查明原因 — 管理费用
      - c. 现金溢余
        - Ⅰ. 应支付给有关人员或单位 — 其他应付款
        - Ⅱ. 无法查明原因 — 营业外收入
- 银行存款 — 核对
  - ①方法 — 银行存款日记账应定期与银行对账单核对（账实核对）
  - ②结果 — 银行存款余额调节表（不是原始凭证，不能据以调整账簿）
  - ③编制方法
    - a. 第一步：如果存在错账，需要进行错账更正
    - b. 第二步：调整未达账项（若题目中只描述一方（如企业）存在错账和未达账项，则可以直接以另一方（银行）的对账单余额作为调节后余额）
      - Ⅰ. 调节后余额 = 银行存款日记账余额（企业方）+ 银收企未收 − 银付企未付
      - Ⅱ. 调节后余额 = 银行对账单余额（银行方）+ 企收银未收 − 企付银未付
- 其他货币资金
  - （1）内容 — 银行汇票存款、银行本票存款、信用卡存款、信用证保证金存款、存出投资款、外埠存款
  - （2）“票”的核算科目的辨析
    - ①支票 — 银行存款
    - ②银行汇票、银行本票 — 其他货币资金
    - ③商业汇票 — 应收（付）票据（变）（持有方将其作为应收票据核算；签发方将其作为应付票据核算）
      - Ⅰ. 商业承兑汇票
      - Ⅱ. 银行承兑汇票
      - Ⅲ. 财务公司承兑汇票

- **交易性金融资产**
  - 金融资产分类
    - （1）以摊余成本计量的金融资产
    - （2）以公允价值计量且其变动计入其他综合收益的金融资产
    - （3）以公允价值计量且其变动计入当期损益的金融资产
  - 交易性金融资产的概念及账务处理
    - （1）概念 — 以公允价值计量且其变动计入当期损益的金融资产。如企业以赚取差价为目的从二级市场购入的股票、债券、基金等
    - （2）持有期间
      - ①初始取得
        - a. 取得时的公允价值 — 作为初始入账金额
        - b. 已宣告但尚未发放的现金股利
        - c. 已到付息期但尚未领取的债券利息
        - （b、c：计入应收股利 / 应收利息，不影响入账金额）
        - d. 交易费用 — 计入投资收益，不影响入账金额
      - ②持有期间
        - a. 公允价值变动 — 调整账面价值，同时计入公允价值变动损益
        - b. 确认股利 / 利息收益 — 借方计入应收股利 / 交易性金融资产——应计利息，贷方计入投资收益（变）
      - ③出售
        - a. 实际收到价款 — 计入其他货币资金等
        - b. 公允价值与账面余额之间的差额 — 计入投资收益
        - c. 卖出价扣除买入价（不扣除已宣告但尚未发放的现金股利或已到付息期但未领取的利息）后的余额作为销售额计算增值税
          - 计入应交税费——转让金融商品应交增值税
- **应收及预付款项**
  - 应收票据
    - （1）企业因销售商品、提供服务等而收到的商业汇票
    - （2）根据承兑人不同分类
      - ①商业承兑汇票
      - ②银行承兑汇票
    - （3）申请使用银行承兑汇票时，应向其承兑银行缴纳的手续费
    - （4）票据贴现时，应支付给银行的贴现利息
    - （（3）、（4）：计入财务费用）
    - （5）票据贴现（变）— 借：银行存款
      - 财务费用（贴现息）
      - 贷：应收票据（符合终止确认）
      - 短期借款（不符合终止确认）
  - 应收账款 — 入账金额构成
    - ①合同或协议价款、增值税销项税额，以及代购货单位垫付的包装费、运杂费等
    - ②涉及商业折扣的，应按扣除商业折扣后的金额确认应收账款入账金额

流动资产

- **应收及预付款项**
  - 预付账款
    - (1) 支付预付款时，从银行存款转入预付账款
    - (2) 收到退回多余款时，从预付账款转入银行存款
    - (3) 企业预付款业务不多的，也可以不设置预付账款科目，将预付的款项通过应付账款科目核算
  - 应收股利和应收利息
    - (1) 应收股利 — 借方计入应收股利，贷方计入投资收益
    - (2) 应收利息 变
      - ①企业根据合同或协议规定应向债务人收取的已过付息期但尚未收到的利息
        - 借：应收利息
        - 贷：交易性金融资产——应计利息等
      - ②实际收到已过期利息时
        - 借：银行存款等
        - 贷：应收利息
  - 其他应收款 — 内容
    - ①应收的各种赔款、罚款
    - ②应收的出租包装物的租金
    - ③应向职工收取的各种垫付款项
    - ④存出保证金
  - 应收款项减值
    - (1) 备抵法（我国企业会计准则规定，应收款项减值的核算应采用备抵法，不得采用直接转销法）
      - ①减少应收账款 — 计提坏账准备 — 借：信用减值损失
        - 贷：坏账准备
      - ②增加应收账款 — 冲减多计提的坏账准备 — 借：坏账准备
        - 贷：信用减值损失
      - ③不影响应收账款
        - a. 实际发生的坏账损失 — 借：坏账准备
          - 贷：应收账款
        - b. 前期已确认的坏账损失本期又重新收回 — 借：应收账款 变
          - 贷：坏账准备
          - 借：坏账准备
          - 贷：信用减值损失
          - 借：银行存款
          - 贷：应收账款
    - (2) 直接转销法
- 存货核算的内容 — 各类材料、在产品、半成品、产成品、商品以及包装物、低值易耗品等

存货

- 存货的初始计量
  - (1) 计入存货成本
    - ②相关税费（关税、进口消费税、不得抵扣的增值税进项税额）
    - ③运输途中的合理损耗（合理损耗：总成本不变，单位成本上升。非合理损耗：总成本减少，单位成本不变）
    - ④入库前的挑选整理费
    - （外购存货）
    - ⑤为特定客户设计产品发生的可直接认定的设计费
    - ⑥生产过程中正常耗费的直接材料、直接人工和制造费用等
    - ⑦为达到下一阶段所必需的仓储费用
    - （自制存货）
  - (2) 不计入存货成本
    - ①正常设计费（当期损益）
    - ②存货入库后发生的储存费用（管理费用）
    - ③管理不善导致的原材料的净损失（管理费用）
    - ④自然灾害等原因造成的非常损失（营业外支出）
    - ⑤商品流通企业中金额较小的进货费用（销售费用）
    - ⑥可以抵扣的增值税进项税额（应交税费）
- 发出存货的计价方法
  - (1) 个别计价法 — 逐一辨认，实物与成本流转相一致
  - （常考计算）
  - (2) 先进先出法
    - ①先购进的先发出，可以随时结转存货的发出成本
    - ②物价持续上升，会高估企业当期利润和库存存货价值
  - (3) 月末一次加权平均法
    - ①单位成本 =（期初成本 + 本期购进单位成本 × 本期购进数量）÷（期初数量 + 本期购进数量）
    - ②发出存货成本 = 发出数量 × 单位成本
  - (4) 移动加权平均法 — 每次购入均需重新计算平均单价，计算准确
- 原材料
  - (1) 实际成本
    - ①科目设置 — 原材料、在途物资等
    - ②会计处理
      - a. 单货同到 — 计入原材料
      - b. 单到货未到 — 计入在途物资
      - c. 货到单未到 — 暂估入账，下月红字冲销
      - d. 预付货款 — 计入预付账款
      - e. 发出原材料 — 分情形处理
        - · 直接材料成本 — 生产成本
        - · 间接材料成本 — 制造费用
        - · 销售部门消耗 — 销售费用
        - · 行政管理部门消耗 — 管理费用
        - · 工程项目消耗 — 在建工程
        - · 研发环节消耗 — 研发支出
        - · 发出加工材料 — 委托加工物资
      - f. 出售原材料 — 计入其他业务成本

流动资产

存货

原材料

（2）计划成本

- ①科目设置
  - a. 原材料 — 核算计划成本的金额
  - b. 材料采购 — 核算实际成本的金额
  - 计划成本与实际成本的差额通过材料成本差异科目核算
- ②会计处理
  - a. 无论是否验收入库，均需先通过材料采购科目归集实际成本
  - b. 外购原材料 — 计入材料采购（实际成本）
  - c. 验收入库
    - Ⅰ. 实际成本＞计划成本 — 记入“材料成本差异”科目借方
    - Ⅱ. 实际成本＜计划成本 — 记入“材料成本差异”科目贷方
  - d. 生产领用 — 计入生产成本等
  - e. 结转差异
    - Ⅰ. 超支差 — 从材料成本差异贷方结转
    - Ⅱ. 节约差 — 从材料成本差异借方结转
- ③材料成本差异率 =（期初结存材料的成本差异 + 本期验收入库材料的成本差异）÷（期初结存材料的计划成本 + 本期验收入库材料的计划成本）× 100%
  - “结果为负，则为节约差；结果为正，则为超支差”
- ④发出材料应负担的成本差异 = 发出材料的计划成本 × 本期材料成本差异率
- ⑤期末结存材料的实际成本 = 期末结存材料的计划成本 ×（1+ 材料成本差异率）
  - 节约差用负号表示

周转材料

（1）包装物

- ①生产领用包装产品 — 计入生产成本
- ②随商品出售不单独计价
- ③出借给购买单位使用
  - （②③）计入销售费用
- ④随商品出售单独计价
- ⑤出租给购买单位使用
  - （④⑤）计入其他业务成本

（2）低值易耗品 — 企业应当设置周转材料——低值易耗品科目进行核算，摊销时记入“制造费用”等科目

委托加工物资

入账成本

- ①实际耗用物资的成本
- ②加工费用及应负担的运杂费
- ③相关税费
  - a. 与支付加工费相关的增值税
    - Ⅰ. 一般纳税人 — 应交税费——应交增值税（进项税额）
    - Ⅱ. 小规模纳税人 — 委托加工物资
  - b. 受托方代收代缴的消费税
    - Ⅰ. 连续加工应税消费品 — 应交税费——应交消费税
    - Ⅱ. 直接对外出售 — 委托加工物资

库存商品

商品流通企业

（1）毛利率法

- ①毛利率 = 销售毛利 ÷ 销售额 × 100%
- ②本期销售存货成本 = 本期销售净额 − 销售毛利 = 销售净额 ×（1− 毛利率）
- ③期末存货成本 = 期初存货成本 + 本期购入存货成本 − 本期销售存货成本

- (2) 售价金额法
  - ①商品进销差价率 = 进销差价额 ÷ 售价
  - ②本期销售商品应分摊的商品进销差价 = 本期商品销售收入 × 商品进销差价率
  - ③本期销售商品的成本 = 本期商品销售收入 − 本期销售商品应分摊的商品进销差价 = 本期商品销售收入 ×（1− 商品进销差价率）
  - ④期末结存商品的成本 = 期初库存商品的实际成本 + 本期购进商品的实际成本 − 本期销售商品的实际成本
  - ⑤商品购入、加工收回、销售等均按照售价记账

类比材料成本差异率的计算

存货清查
- (1) 方法 — 实地盘点法、技术推算法
- (2) 结果 — 存货盘点报告表（可作原始凭证，据以调整账簿）
- (3) 核算
  - ①总原则 — 通过待处理财产损溢科目，从“账”向“实”调整
  - ②盘盈 — 管理费用
  - ③盘亏
    - a. 管理不善——管理费用
    - b. 非常损失——营业外支出
    - c. 保险公司或责任人赔偿——其他应收款
    - d. 收回残料价值——原材料

存货减值
- (1) 总原则：成本与可变现净值孰低
- (2) 成本：期末存货的实际成本
- (3) 可变现净值：存货的估计售价 − 进一步加工成本 − 估计的销售费用和税金
- (4) 减记存货价值的影响因素已经消失的，原已计提的存货跌价准备金额可以转回

成本高于可变现净值的差额为存货跌价准备的期末余额

笔记区

非流动资产

- **长期股权投资**
  - 范围
    - （1）子公司 — 投资方对子公司的投资为控制
    - （2）合营企业 — 投资方对合营企业的投资为共同控制
    - （3）联营企业 — 投资方对联营企业的投资为重大影响
  - 非企业合并方式取得（重大影响＋共同控制）
    - （1）初始计量
      - ①长期股权投资初始投资成本＝付出对价的公允价值＋支付的直接相关费用（审计费、律师费等）
      - ②已宣告但尚未发放的现金股利，应当单独确认为应收股利
    - （2）后续计量（权益法） 【调整后的价值作为入账金额】
      - ①初始投资成本的调整
        - a. 初始投资成本＞投资时应享有被投资单位可辨认净资产公允价值份额 — 多花钱，不调整
        - b. 初始投资成本＜投资时应享有被投资单位可辨认净资产公允价值份额 — 少花钱，要调整，计入营业外收入
      - ②被投资单位盈利 — 持股比例 × 被投资单位净损益＝投资收益 — 据此增加长期股权投资账面价值
      - ③被投资单位亏损
        - a. 以长期股权投资账面价值减记至 0 为限
        - b. 冲减长期应收款等长期权益
        - c. 确认预计负债
        - d. 在账外备查登记
        - 【以后期间实现净利润，按相反顺序进行转回】
      - ④宣告分派现金股利或利润 — 冲减长期股权投资账面价值，不影响投资收益
      - ⑤被投资单位其他综合收益变动 — 持股比例 × 被投资单位其他综合收益（变动金额）＝其他综合收益
      - ⑥被投资单位其他权益变动 — 持股比例 × 被投资单位资本公积（变动金额）＝资本公积（其他资本公积）
      - ⑦长期股权投资减值 — 计入资产减值损失，且一经计提不得转回
    - （3）处置
      - ①出售价款－长期股权投资账面价值＝投资收益
      - ②结转其他综合收益（可转损益）、资本公积至投资收益
  - 企业合并方式取得（控制）
    - （1）非同一控制下 — 初始计量 — 付出资产、承担负债、发行权益性证券的公允价值
    - （2）同一控制下 — 初始计量 — 在最终控制方合并财务报表中净资产的账面价值 × 持股比例
      - 【考试时一般可以直接用子公司净资产账面价值 × 持股比例】
  - 相同点
    - 初始计量
      - 发行股票支付给券商的佣金和手续费冲减资本公积（股本溢价），不足冲减的，应依次冲减盈余公积和未分配利润 （新）
      - 为合并发生的审计、法律服务等中介费用计入管理费用

后续计量（成本法）—— 长期股权投资减值 — 计入资产减值损失，一经计提不得转回

处置 — 出售价款 - 长期股权投资账面价值 = 投资收益

固定资产

- 内容
  - （1）为建造固定资产购入的工程物资，应通过工程物资而非固定资产科目核算
  - （2）在建过程中的生产线，应通过在建工程而非固定资产科目核算
- 会计处理
  - （1）取得
    - ①外购
      - a. 入账成本的确定（使得资产达到预定可使用状态的合理必要支出）
        - Ⅰ．买价 + 运输费 + 保险费 + 税金
        - Ⅱ．专业人员服务费　专业人员培训费不构成固定资产入账成本
      - b. 购入需要安装的固定资产，需要先通过在建工程科目核算，待达到预定可使用状态时，再转入固定资产
      - c. 一笔款项购入多项没有单独标价的固定资产，应按各项固定资产公允价值的比例对总成本进行分配
    - ②建造
      - a. 核算时，应先将相关支出计入在建工程，待达到预定可使用状态时，再转入固定资产
      - b. 自建固定资产领用原材料或自产产品时，应按照领用材料或产品的成本计入在建工程

笔记区

非流动资产

固定资产 — 会计处理

(2) 持有

①折旧

- a. 影响因素
  - Ⅰ. 固定资产原价
  - Ⅱ. 预计净残值
  - Ⅲ. 固定资产减值准备
  - Ⅳ. 固定资产的使用寿命
- b. 辨析重要概念
  - Ⅰ. 固定资产原值 = 历史成本
  - Ⅱ. 固定资产账面净值 = 固定资产原值 − 累计折旧
  - Ⅲ. 固定资产账面价值 = 固定资产账面净值 − 固定资产减值准备
- c. 折旧范围
  - Ⅰ. 无须计提折旧
    - 已提足折旧仍继续使用的固定资产
    - 单独计价入账的土地
    - 处于更新改造或改扩建期间的固定资产
    - 提前处置的固定资产
    - （账面上已没有相关固定资产）
  - Ⅱ. 易混淆项目
    - 短期租入（一般短于 12 个月）的固定资产，无须计提折旧
    - 闲置不用的固定资产
    - 尚未使用的固定资产
    - 大修理停用的固定资产
    - （计提折旧）
    - 已达到预定可使用状态但尚未办理竣工决算的固定资产，应当按照估计价值确定其成本，并计提折旧；待办理竣工决算后，再按实际成本调整原来的暂估价值，但不需要调整原已计提的折旧额
  - Ⅲ. 固定资产按月计提折旧
    - 当月增加，当月不提，下月提
    - 当月减少，当月照提，下月不提
- d. 折旧方法

折旧方法	年限平均法	工作量法	双倍余额递减法	年数总和法
折旧率	$1/n$	$1/n$	前 $n-2$ 年：$2/n$　后 2 年：年限平均法	尚可使用年限 / $(1+2+3+\cdots+n)$
净残值	√	√	前 $n-2$ 年：不考虑　后 2 年：考虑	√
加速折旧	×	×	√	√
注意事项	n 代表固定资产使用寿命，工作量法下代表总工作量。 会计年度与折旧年度不一致。 会计年度：1 月 1 日 ~ 12 月 31 日。 折旧年度：自固定资产达到预定可使用状态的次月起 12 个月			

- e. 账务处理 — 根据受益对象，记入“制造费用”“管理费用”“销售费用”“在建工程”“研发支出”“其他业务成本”等科目

部件账面价值

- ②后续支出
  - a. 资本化
    - Ⅱ. 被替换部件账面价值
      - · 题目给定，直接用
      - · 题目没给，需计算：被替换部件原值 ×（1– 原固定资产累计折旧 / 原固定资产原值）
      - · 被替换部件处置时无论是否有残值流入，均不影响改造后固定资产入账价值
  - b. 费用化
    - Ⅰ. 行政管理部门的相关费用——计入管理费用
    - Ⅱ. 专设销售机构的相关费用——计入销售费用
    - Ⅲ. 与存货的生产和加工的相关费用——计入制造费用
- ③清查
  - a. 结果 — 固定资产盘盈盘亏报告表
  - b. 账务处理
    - Ⅰ. 盘盈
      - · 清查时 — 按照重置成本计入以前年度损益调整
      - · 批准后 — 转入盈余公积、利润分配
    - Ⅱ. 盘亏
      - · 清查时 — 通过待处理财产损溢进行归集
      - · 批准后
        - ▲计入其他应收款（保险公司、责任人赔偿）
        - ▲计入营业外支出（净损失）
- ④减值 — 可收回金额低于账面价值 — 确认资产减值损失 — 一经计提，不得转回

(3) 处置
- ①将固定资产账面价值转入“固定资产清理”科目
- ②确认清理支出（增加固定资产清理）和残值等收益（减少固定资产清理）
- ③确认清理损益
  - a. 报废、毁损 — 固定资产账面价值与清理损益差额计入营业外收支 — 影响利润总额
  - b. 出售、转让 — 固定资产账面价值与清理损益差额计入资产处置损益 — 影响营业利润

固定资产处置损益 = 处置价款（或变价收入 + 保险公司或责任人赔偿 + 残料成本）– 固定资产账面价值 – 清理费用

无形资产

- 内容
  - (1) 专利权、非专利技术、商标权、著作权、特许权和土地使用权
  - (2) 商誉不属于无形资产
- 会计处理
  - (1) 取得
    - ①外购 — 入账成本 = 购买价款 + 相关税费 + 直接归属于该项资产达到预定用途所发生的其他支出
    - ②自行研发
      - a. 研究阶段（全部费用化）
        - Ⅰ. 记入“研发支出——费用化支出”科目（不包括宣传费用）
        - Ⅱ. 期末转入“管理费用”科目
      - b. 开发阶段（无法区分，全部费用化，计入管理费用）
        - Ⅰ. 符合资本化条件前（费用化）
          - · 记入“研发支出——费用化支出”科目
          - · 期末转入“管理费用”科目
        - Ⅱ. 符合资本化条件后（资本化）
          - · 记入“研发支出——资本化支出”科目
          - · 达到预定用途时转入“无形资产”科目

非流动资产

- **无形资产**
  - 会计处理
    - （2）持有期间
      - ①摊销
        - a. 方法 — 直线法、生产总量法等
        - b. 范围
          - Ⅰ. 按月计提摊销
            - · 当月增加，当月计提
            - · 当月减少，当月不提
          - Ⅱ. 使用寿命不确定的无形资产不应摊销，但每年度终了应当进行减值测试
      - ②减值 — 可收回金额低于账面价值 — 资产减值损失 — 一经计提，不得转回
    - （3）出售报废
      - ①出售损益计入资产处置损益，影响营业利润
      - ②报废损益计入营业外支出，影响利润总额
- **长期待摊费用**
  - 科目性质 — 资产类
  - 核算对象 — 以租赁方式租入的使用权资产发生的改良支出
  - 特殊情形 — 长期待摊费用项目不能使以后期间受益的，应当将尚未摊销的该项目的摊余价值全部转入当期损益
- **投资性房地产**
  - 范围
    - （1）包括
      - ①已出租的土地使用权
      - ②持有并准备增值后转让的土地使用权
      - ③已出租的建筑物
    - （2）不包括
      - ①企业拥有并自行经营的旅店或饭店
      - ②出租给本企业职工居住的自建宿舍楼
      - （作为固定资产核算）
      - ③房地产开发企业持有并准备增值后出售的商品房（作为存货核算）
      - ④企业持有的准备建造办公楼等建筑物的土地使用权（作为无形资产核算）
      - ⑤租入后再转租的房地产
      - ⑥不能单独计量和出售的、用于赚取租金或资本增值的部分
  - 会计处理
    - （1）取得
      - ①入账成本 — 同固定资产、无形资产
      - ②先自用再改为出租或用于资本增值，应先确认为固定资产、无形资产，自租赁期开始日或用于资本增值之日起，再转换为投资性房地产
    - （2）后续计量
      - ①成本模式
        - a. 取得租金收入 — 计入其他业务收入
        - b. 计提折旧或摊销 — 计入其他业务成本
        - c. 计提减值 — 计入资产减值损失，且一经计提不得转回
      - （成本模式→公允价值模式 √；公允价值模式→成本模式 ×）
      - ②公允价值模式
        - a. 取得租金收入 — 计入其他业务收入
        - b. 确认公允价值变动 — 计入公允价值变动损益，同
      - 同一企业只能采用一种模式对所有的投资性房地产进行后续计量

- (3) 处置 新
  - ①成本模式
    - a. 收到处置收入 — 计入其他业务收入
    - b. 结转成本 — 按照账面价值，结转至其他业务成本
  - ②公允价值模式
    - a. 收到处置收入 — 计入其他业务收入
    - b. 结转成本
      - Ⅰ. 按当天账面余额结转至其他业务成本
      - Ⅱ. 将持有期间产生的公允价值变动损益结转至其他业务成本（双向）
      - Ⅲ. 将转换时产生的其他综合收益结转至其他业务成本（单向）
- (4) 转换
  - ①非投资性房地产转换为成本模式计量的投资性房地产 — 非投资性房地产在转换日的原价、累计折旧、减值准备等，分别转入“投资性房地产”“投资性房地产累计折旧（摊销）”“投资性房地产减值准备”等科目
  - ②非投资性房地产转换为公允价值模式计量的投资性房地产
    - a. 公允价值<账面价值 — 差额计入公允价值变动损益
    - b. 公允价值>账面价值 — 差额计入其他综合收益

总结：
1. 投资性房地产后续计量不会影响投资收益、资产处置损益、营业外收支等科目。
2. 无论是收取租金还是处置时收到的价款，均计入“其他业务收入”。
3. 公允价值模式计量，不计提折旧 / 摊销和减值。
4. 转换时涉及其他综合收益科目（所有者权益类）

土地使用权
- 土地使用权的核算
  - (1) 赚取租金或用于资本增值 — 确认为投资性房地产
  - (2) 房企开发企业用于建造商品房 — 确认为存货（开发成本）
  - (3) 购置用于建造自用办公楼等 — 确认为无形资产
  - (4) 购买价款中包括土地使用权和地上建筑物，但两者价值无法合理分配 — 确认为固定资产

笔记区

第五章 负债

（考 12 分）

负债

短期借款

- 内容
  - （1）向银行或其他金融机构等借入的期限在 1 年以下（含 1 年）的各种款项
  - （2）主要为了满足正常生产经营所需，或者为了抵偿某项债务
- 会计处理
  - （1）最后一期利息已计提 — 归还时，直接体现在应付利息科目借方
  - （2）最后一期利息未计提 — 归还时，直接体现在财务费用科目借方
  - 短期借款利息无论如何表述都会影响财务费用科目

应付及预收款项

- 应付票据
  - （1）申请银行承兑汇票，付银行承兑手续费时 — 计入财务费用
  - （2）商业承兑汇票到期无力偿还款项时 — 计入应付账款
  - （3）银行承兑汇票到期无力偿还款项时 — 计入短期借款
- 应付账款
  - （1）无法支付时 — 计入营业外收入
  - （2）借方余额，代表预付账款
  - （3）如果存在商业折扣，需要按扣除商业折扣后的金额入账
- 合同负债（新） — 企业已收或应收客户对价而应向客户转让商品的义务
- 应付利息（变）
  - （1）计提利息时，借计财务费用、在建工程等
  - （2）长期借款及应付债券不通过该科目核算，而是记入“长期借款——应计利息”/“应付债券——应计利息”科目
  - 对于已过付息期但尚未支付的利息，借记“长期借款—应计利息”“应付债券—应计利息”等科目，贷记“应付利息”科目。实际支付利息时，借记“应付利息”科目，贷记“银行存款”等科目
- 应付股利
  - （1）若根据股东会或类似机构审议批准的利润分配方案确定分派现金股利或利润，应记入“应付股利”科目贷方
  - （2）若董事会或类似机构通过利润分配方案拟分派现金股利或利润，无须做账务处理，但应在附注中披露
  - （3）企业分派的股票股利不通过应付股利科目核算
- 其他应付款
  - （1）应付短期租赁固定资产的租金
  - （2）应付低价值资产租赁的租金
  - （3）应付租入包装物的租金
  - （4）出租或出借包装物向客户收取的押金（支付的押金，属于其他应收款）
  - （5）存入的保证金

职工薪酬的内容及会计处理

不包括：支付的职工差旅费；为职工代垫的房屋租金、医药费。包括：提供给职工配偶、子女、受赡养人、已故员工遗属及其他受益人等的福利

- 职工的分类
  - （1）与企业订立劳动合同的所有人员，包含全职、兼职和临时职工
  - （2）未签订劳动合同，但由企业正式任命的企业治理层和管理层人员，如董事会成员、监事会成员等
  - （3）未签订劳动合同、未正式任命，但提供的服务与职工所提供服务类似的人员，如通过劳务中介公司向企业提供服务的人员
- 职工薪酬分类
  - （1）短期薪酬
    - ①内容
      - a. 工资、奖金、津贴和补贴
      - b. 职工福利费
      - c. 医疗保险、工伤保险等社会保险费、住房公积金
      - d. 工会经费、职工教育经费
      - e. 短期带薪缺勤
      - f. 短期利润分享计划
      - g. 非货币性福利
    - ②会计处理
      - a. 整体原则 — 根据受益对象分摊至生产成本、制造费用、合同履约成本、管理费用、销售费用、研发支出、在建工程等
      - b. 非货币性职工福利
        - Ⅰ. 产品发放
          - · 自产 — 以商品的公允价值（确认收入）和销项税额，确认应付职工薪酬，并按账面价值结转成本
          - · 外购 — 以购进商品成本（实际为购买时的公允价值）和需要转出的进项税额，确认应付职工薪酬（若当时未抵扣增值税则无须做转出处理）
        - Ⅱ. 房屋租赁
          - · 自有 — 以房屋计提的折旧金额确认应付职工薪酬
          - · 租入 — 以应付的租金金额确认应付职工薪酬
      - c. 个人负担的社会保险费和住房公积金 — 企业代扣代缴给相关部门时，确认其他应付款
      - d. 个人所得税 — 企业代扣代缴给相关部门时，记入“应交税费——应交个人所得税”科目
  - （2）离职后福利
    - ①设定受益计划
    - ②设定提存计划
  - （3）辞退福利 — 不区分辞退人员所属部门，发生时直接计入管理费用
  - （4）其他长期职工福利
    - ①长期带薪缺勤
    - ②长期残疾福利
    - ③长期利润分享计划

负债

应交税费

- 不通过“应交税费”科目核算的税金
  - （1）印花税 — 计入税金及附加
  - （2）耕地占用税 — 计入无形资产或开发成本
  - （3）契税 — 计入无形资产、固定资产成本
  - （4）车辆购置税 — 计入固定资产成本
  - （5）进口关税 — 计入原材料、固定资产等成本
- 增值税
  - （1）一般纳税人
    - ①应交增值税
      - a. 借方专栏
        - Ⅰ. 进项税额 — 支付或负担的、准予从当期销项税额中抵扣的增值税税额
        - Ⅱ. 已交税金 — 核算当月缴纳的当月应交增值税
        - Ⅲ. 减免税款 — 核算购入税控系统或支付技术维护费时按规定抵减的增值税应纳税额
        - Ⅳ. 出口抵减内销产品应纳税额 — 记录按规定计算的出口货物的进项税抵减内销产品的应纳税额
        - Ⅴ. 销项税额抵减 — 因扣减销售额而减少的销项税额
        - Ⅵ. 转出未交增值税 — 转入应交税费——未交增值税贷方
      - b. 贷方专栏
        - Ⅰ. 销项税额 — 应收取的增值税税额
        - Ⅱ. 进项税额转出
          - · 管理不善等原因导致的非正常损失
          - · 将购进的货物、加工修理修配劳务或服务、无形资产或不动产用于简易计税、免税项目、集体福利或个人消费
        - Ⅲ. 出口退税 — 记录按规定退回的增值税税额
        - Ⅳ. 转出多交增值税 — 转入应交税费——未交增值税借方
    - ②未交增值税
      - a. 借方余额 — 表示多交的增值税
      - b. 贷方余额 — 表示期末结转下期应交的增值税
    - ③转让金融商品应交增值税
      - a. 单笔交易：将卖出价扣除买入价（不扣除代垫款项）后的余额作为销售额计算增值税
      - b. 多笔交易：以金融商品转让时出现的正负差，盈亏相抵后的余额为销售额
        - ↓ 销售额为负
        - ↓
          - 发生在月末 — 可结转至下一纳税期与下期销售额相抵
          - 发生在年末 — 不得转入下一会计年度
    - ④简易计税 — 核算一般纳税人采用简易计税方法时发生的增值税计提、扣减、预缴、缴纳等业务

小规模纳税人简易计税不得使用该科目

- (2) 小规模纳税人
  - ②销售时 — 通过应交税费——应交增值税科目贷方核算
- 消费税
  - (1) 销售，用于对外投资、分配、职工福利等 — 计入税金及附加
  - (2) 自产自用 — 计入在建工程等资产成本
  - (3) 进口 — 计入原材料等资产成本
  - (4) 委托加工
    - ①收回后直接销售 — 计入委托加工物资成本
    - ②收回后连续生产应税消费品 — 计入应交税费——应交消费税的借方
- 其他
  - (1) 资源税
    - ①对外销售 — 计入税金及附加
    - ②自产自用 — 计入生产成本、制造费用等
  - (2) 城市维护建设税、教育费附加 — 计入税金及附加 — 应纳税额（或费额）=（实际缴纳增值税 + 实际缴纳消费税）× 适用税率（或征收率）
  - (3) 土地增值税
    - ①房企销售商品房 — 计入税金及附加
    - ②非房企转让不动产 — 计入固定资产清理
  - (4) 房产税、城镇土地使用税、车船税 — 计入税金及附加

非流动负债

- 长期借款 — 计提利息
  - ①借方科目
    - a. 资本化 — 计入资产成本
    - b. 费用化 — 计入财务费用
    - c. 筹建期 — 计入管理费用
  - ②贷方科目（变） — 长期借款——应计利息
- 长期应付款 — 核算以分期付款方式购入固定资产等情形下发生的应付款项等
- 应付债券
  - (1) 发行方式
    - ①折价发行 — 实际利率 > 名义利率（票面利率）
    - ②溢价发行 — 实际利率 < 名义利率（票面利率）
    - ③平价发行（面值发行） — 实际利率 = 名义利率（票面利率）
  - (2) 账务处理
    - ①发行时 — 收到的价款与债券面值的差额计入应付债券——利息调整（折价记借方、溢价记贷方）
    - ②期末计提利息时（变） — 借方按期初债券的摊余成本 × 实际利率计入在建工程、财务费用等；贷方计入应付债券——应计利息
    - ③到期归还本金和利息时 — 相应减少应付债券——面值、应付债券——应计利息

第六章 所有者权益（考8分）

所有者权益

- **实收资本或股本**
  - 内容
    - （1）实收资本 — 反映非股份有限公司投资者投入资本的增减变动情况
    - （2）股本 — 股份有限公司实际发行股票的面值总额
  - 会计处理
    - （1）接受现金资产投资
      - ①按协议约定金额计入实收资本 / 股本，协议约定金额与实际收到金额的差额计入资本公积——资本溢价 / 股本溢价
      - ②发行股票的手续费、佣金等，属于溢价发行的，从溢价收入中扣除，计入资本公积——股本溢价
      - ③溢价金额不足冲减的，或者属于按面值发行无溢价的，依次冲减盈余公积和未分配利润
      - ④发行股票应确认的资本公积金额 = 发行总收入 − 股本金额 − 支付的发行佣金、手续费等交易费用
    - （2）接受非现金资产投资 — 按合同或协议约定的价值计算非现金资产的入账价值，不公允的除外
    - （3）实收资本（或股本）的增减变动
      - ①增加
        - a. 接受投资者追加投资
        - b. 资本公积转增资本
        - c. 盈余公积转增资本
        - （b、c：不影响所有者权益总额）
      - ②减少 — 会计处理
        - Ⅰ. 回购时 — 按每股回购价格 × 回购股数确认库存股
        - Ⅱ. 注销时
          - · 回购价 > 股本 — 差额按顺序确认资本公积——股本溢价、盈余公积、利润分配——未分配利润
            - 应冲减资本公积的金额 = 回购价款 − 注销股本金额
            - 应冲减盈余公积的金额 = 回购价款 − 注销股本金额 − 冲减资本公积金额
            - 盈余公积不足冲减的，余额冲减未分配利润
          - · 回购价 < 股本 — 按差额确认资本公积——股本溢价
          - · 回购价 = 股本 — 无差额
- **资本公积和其他综合收益**
  - 资本公积
    - （1）资本溢价 / 股本溢价
    - （2）其他资本公积
      - ①权益法核算的长期股权投资
        - a. 按持股比例确认的被投资方其他权益变动
        - b. 在处置相关股权投资时，可以转入当期损益（投资收益）
      - ②权益结算的股份支付（简单了解）
    - （3）资本公积转增资本
      - ①所有者权益总额不变
      - ②只能用资本公积——资本溢价中的金额转增资本，而不能使用资本公积——其他资本公积转增资本
    - （4）资本公积弥补亏损 新

其他综合收益

(1) 以后会计期间不能重分类计入损益

- ②权益法下被投资方因重新计量设定受益计划净负债或净资产导致的变动而享有的权益份额调整
- ③以公允价值计量且其变动计入其他综合收益的非交易性权益工具投资，其公允价值变动及处置利得和损失
- ④企业自身信用风险公允价值变动

(2) 以后会计期间满足规定条件时可以重分类计入损益

- ①以公允价值计量且其变动计入其他综合收益的金融资产（债务工具）产生的其他综合收益
- ②按照金融工具准则规定，对金融资产重分类按规定可以将原计入其他综合收益的利得或损失转入当期损益的部分
- ③权益法核算的长期股权投资
- ④自用房地产或存货转换为以公允价值计量的投资性房地产（公允价值大于账面价值的差额）
- ⑤现金流量套期储备
- ⑥外币财务报表折算差额

留存收益

盈余公积

(1) 分类

- ①法定盈余公积
  - a. 一般情况 — 当年实现净利润 × 10%
  - b. 存在以前年度亏损 — （净利润 − 弥补亏损金额） × 10%
- ②任意盈余公积 — 计提比例没有统一的标准，可根据股东会的决议提取

(2) 作用 变

- ①盈余公积补亏 — 贷方计入利润分配——盈余公积补亏（留存收益总额不变）
- ②盈余公积转增资本 — 贷方计入实收资本（或股本）（留存收益总额减少）

未分配利润

(1) 年末未分配利润 = 年初未分配利润 + 当年实现的净利润（或 − 当年发生的净亏损） − 计提的盈余公积 − 宣告发放的现金股利 + 盈余公积补亏

(2) 可供分配的利润 = 当年实现的净利润（或净亏损） + 年初未分配利润（或 − 年初未弥补亏损） + 其他转入

(3) 利润分配科目下，除未分配利润明细科目外，其余明细科目均无余额

笔记区

所有者权益

相关交易事项对所有者权益和留存收益的影响

项目	会计处理	对所有者权益总额影响	对留存收益总额影响
提取盈余公积	借：利润分配——提取 × × 盈余公积 贷：盈余公积	不影响	不影响
宣告分派现金股利	借：利润分配——应付现金股利 贷：应付股利	减少	减少
宣告分派股票股利	不做账务处理	不影响	不影响
实际发放股票股利	借：利润分配 贷：股本	不影响	减少
资本公积、盈余公积转增资本	借：资本公积 / 盈余公积 贷：股本 / 实收资本	不影响	资本公积转增资本，不影响留存收益；盈余公积转增资本，留存收益减少
盈余公积补亏	借：盈余公积 贷：利润分配——盈余公积补亏	不影响	不影响
税后利润补亏	不做账务处理，“利润分配”科目借贷相互抵销	不影响	不影响
回购股票	借：库存股 贷：银行存款	所有者权益减少，库存股是所有者权益的备抵科目	不影响
注销库存股	回购股票支付的价款高于面值总额： 借：股本 资本公积——股本溢价 盈余公积 利润分配——未分配利润 贷：库存股	不影响	涉及盈余公积以及未分配利润时，减少留存收益
	回购股票支付的价款低于面值总额： 借：股本 贷：库存股 资本公积——股本溢价	不影响	不影响

笔记区

第七章 收入、费用和利润 （考20分）

收入、费用和利润

- 收入
  - 概述
    - (1) 概念 — 日常活动中形成的、会导致所有者权益增加的、与所有者投入资本无关的经济利益的总流入
      - 利得：非日常活动形成的
    - (2) 内容
      - ①包括
        - a. 销售商品和材料
        - b. 提供劳务和服务
        - c. 租赁
        - d. 房企销售商品房
      - ②不包括 — 接受现金捐赠，无法查明原因的现金溢余
    - (3) 涉及的会计科目
      - ①主营业务收入
        - a. 销售商品、提供服务等实现的主营业务的收入
        - b. 期末转入本年利润科目
        - c. 无余额
      - ②其他业务收入
        - a. 除主营业务收入以外的其他经营活动实现的收入
        - b. 期末转入本年利润科目
        - c. 无余额
      - ③主营业务成本
        - a. 确认销售商品、提供服务等主营业务收入时应结转的成本
        - b. 期末转入本年利润科目
        - c. 无余额
      - ④其他业务成本
        - a. 确认除主营业务收入以外的其他经营活动所形成的成本
        - b. 期末转入本年利润科目
        - c. 无余额
      - ⑤合同取得成本
        - a. 企业取得合同发生的、预计能够收回的增量成本
        - b. 计入合同取得成本
          - Ⅰ. 销售佣金
          - Ⅱ. 因现有合同续约或发生合同变更需要支付的额外佣金
        - c. 计入当期损益 — 无论是否取得合同均会发生的，如非由客户承担的差旅费、投标费、为准备投标资料发生的相关费用等
        - d. 期末余额为企业尚未结转的合同取得成本（借方）

- ⑥合同履约成本
  - a. 企业为履行当前或预期取得的合同所发生的、不属于其他企业会计准则规范范围内且按照收入准则应当确认为一项资产的成本
  - b. 计入合同履约成本（同时满足）
    - Ⅰ. 该成本与一份当前或预期取得的合同直接相关
    - Ⅱ. 该成本增加了企业未来用于履行（包括持续履行）履约义务的资源
    - Ⅲ. 该成本预期能够收回
  - c. 计入当期损益
    - Ⅰ. 非由客户承担的管理费用
    - Ⅱ. 非正常消耗的直接材料、直接人工和制造费用
    - Ⅲ. 与履约义务中已履行（包括已全部履行或部分履行）部分相关的支出
    - Ⅳ. 无法在尚未履行的与已履行（或已部分履行）的履约义务之间区分的相关支出
  - d. 期末余额为企业尚未结转的合同履约成本（借方）
- ⑦合同资产
  - a. 企业已向客户转让商品而有权收取对价的权利，且该权利取决于时间流逝之外的其他因素
  - b. 期末余额在借方

  应收账款：无条件收款权，仅考虑时间流逝因素
- ⑧合同负债
  - a. 企业已收或应收客户对价而应向客户转让商品的义务
  - b. 期末余额在贷方

确认与计量（五步法）
- (1) 第一步：识别与客户订立的合同
  - ①合同有书面形式、口头形式以及其他形式
  - ②合同成立要件
    - a. 合同各方已批准该合同并承诺将履行各自义务
    - b. 明确了合同各方的权利和义务
    - c. 合同有明确的支付条款
    - d. 合同具有商业实质
    - e. 企业有权取得的对价很可能收回

      很可能：50% ＜发生的可能性≤ 95%
  - ③控制权转移要素
    - a. 客户拥有现时权利
    - b. 客户有能力主导该商品的使用
    - c. 客户能够获得商品几乎全部的经济利益
- (2) 第二步：识别合同中的单项履约义务 — 企业向客户转让可明确区分商品或服务的承诺

笔记区

收入、费用和利润

收入

确认与计量（五步法）

- （3）第三步：确定交易价格
  - ①定义 — 因向客户转让商品而预期有权收取的对价金额
  - ②内容 — 不包括代第三方收取的款项（例如增值税），以及预期将退还给客户的款项（例如收取的包装物押金）
  - ③形式
    - a. 固定金额
    - b. 可变对价
      - Ⅰ. 金额确定（最佳估计数）
        - · 当合同仅有两个可能结果，通常按照最可能发生金额确定
        - · 当合同存在多个结果，通常按照期望值确定（例如现金折扣）
      - Ⅱ. 限制条件 — 包含可变对价的交易价格，应当不超过在相关不确定性消除时，按照累计已确认的收入极可能不会发生重大转回的金额确定
      - Ⅲ. 应用 — 折扣、价格折让、返利、退款、奖励积分、激励措施、业绩奖金、索赔等
- （4）第四步：将交易价格分摊至各单项履约义务 — 分摊原则 — 按各单项履约义务所承诺商品的单独售价的相对比例进行分摊
- （5）第五步：履行各单项履约义务时确认收入（已经发出商品但不能确认收入时，按发出商品的成本计入发出商品）
  - ①某一时段履行的履约义务
    - a. 确认条件
      - Ⅰ. 边履约边受益 — 主要案例：运输服务
      - Ⅱ. 边建造边转移 — 主要案例：建造服务
      - Ⅲ. 不可替代用途 + 任意时间的合格收款权 — 主要案例：咨询合同（合格收款权包括成本 + 合理毛利，不包括违约金）
    - b. 计算履约进度 — 履约进度 = 累计已发生成本 ÷ 预计总成本
    - c. 确认收入 — 本期确认收入金额 = 合同价款 × 履约进度 − 已确认收入金额
  - 不满足上述确认条件之一 ↓
  - ②某一时点履行的履约义务
    - a. 取得商品控制权时确认收入
    - b. 控制权转移的迹象
      - Ⅰ. 企业享有现时收款权利
      - Ⅱ. 企业已将法定所有权转移给客户
      - Ⅲ. 企业已将实物转移给客户（取得实物并不一定代表取得控制权，例如委托代销安排）新
      - Ⅳ. 企业已将所有权上的主要风险和报酬转移给客户
      - Ⅴ. 客户已接受该商品

特殊交易的会计处理

（1）附有销售退回条款的销售

情形		会计分录
销售时		借：银行存款、应收账款等 贷：主营业务收入 预计负债（预计退货率 × 交易价格） 应交税费——应交增值税（销项税额） 借：主营业务成本 应收退货成本（预计退货率 × 商品总成本） 贷：库存商品
资产负债表日 根据预计退货率进行调整时		借或贷：预计负债 贷或借：主营业务收入 借或贷：主营业务成本 贷或借：应收退货成本
退货期满	未退货	借：预计负债 贷：主营业务收入 借：主营业务成本 贷：应收退货成本
	实际退货数量>预计退货数量	借：预计负债 主营业务收入（超过预计退货部分） 应交税费——应交增值税（销项税额） 贷：银行存款等 借：库存商品 贷：应收退货成本 主营业务成本
	实际退货数量<预计退货数量	借：预计负债 应交税费——应交增值税（销项税额） 贷：主营业务收入 银行存款等 借：库存商品 主营业务成本 贷：应收退货成本
	实际退货数量 = 预计退货数量	借：预计负债 应交税费——应交增值税（销项税额） 贷：银行存款等 借：库存商品 贷：应收退货成本

收入、费用和利润

收入

特殊交易的会计处理

（2）附有质量保证条款的销售

情形	是否构成单项履约义务	说明
保证类质保	×	执行或有事项准则，会计分录为： 借：主营业务成本（变） 　贷：预计负债
服务类质保	√	执行收入准则，会计分录为： 借：银行存款 　贷：主营业务收入 　　　合同负债 分摊交易价格，在履行相关履约义务时确认收入： 借：合同负债 　贷：主营业务收入 发生服务类质保时： 借：合同履约成本 　贷：原材料等 借：主营业务成本 　贷：合同履约成本

（3）附有客户额外购买选择权的销售

情形	内容
商品控制权转移时	借：银行存款（商品总价款） 　贷：主营业务收入（商品分摊的交易价格） 　　　合同负债（相关权利分摊的交易价格）
相关权利被消费时	借：合同负债 　贷：主营业务收入（按履约进度确认）

费用

概念

日常活动中形成的、会导致所有者权益减少的、与向所有者分配利润无关的经济利益的总流出

损失：非日常活动形成的

内容

（1）营业成本 — 主营业务成本、其他业务成本

（2）税金及附加

①销售应税产品时应缴纳的消费税、资源税

②房企销售商品房时需缴纳的土地增值税

③城市维护建设税、教育费附加

④房产税、环境保护税、车船税、城镇土地使用税、印花税

印花税不通过应交税费科目核算，直接计入税金及附加

增值税是价外税，不影响损益，不通过“税金及附加”科目核算，但涉及计算城市维护建设税和教育费附加时，需要以增值税和消费税作为计税依据

- （3）期间费用
  - ①销售费用
    - a. 随商品出售而不单独计价的包装物的成本
    - b. 广告费及业务宣传费
  - ②管理费用
    - a. 企业在筹建期间内发生的开办费
    - b. 业务招待费
    - c. 审计费（含咨询费）、诉讼费
    - d. 董事会成员津贴
  - ③财务费用
    - a. 短期借款利息支出
    - b. 银行存款利息收益
    - c. 银行承兑汇票手续费
    - d. 外币汇兑损益

笔记区

收入、费用和利润

- **利润**（营业利润 + 营业外收入 − 营业外支出 − 所得税费用 = 净利润）
  - 营业利润
    - (1) 判断是否影响营业利润的步骤
      - ①判断题干中所涉业务是否影响损益
      - ②若影响损益，则判断是否计入营业外收支、所得税费用
      - ③扣除营业外收支、所得税费用后计入当期营业利润
    - (2) 易混淆科目（不影响营业利润）
      - ①生产成本、制造费用 — 成本类科目
      - ②长期待摊费用 — 资产类科目
      - ③递延收益 — 负债类科目
      - ④其他综合收益 — 所有者权益类科目
  - 营业外收支
    - (1) 营业外收入
      - ①非流动资产毁损报废收益
      - ②与企业日常活动无关的政府补助
      - ③无法查明原因的现金溢余（盘盈利得）
      - ④捐赠利得
    - (2) 营业外支出
      - ①非流动资产毁损报废损失
      - ②罚款支出
      - ③固定资产盘亏损失
      - ④捐赠支出
      - ⑤非常损失
  - 利润总额
  - 所得税费用
    - (1) 当期所得税费用 — 应交所得税 = 应纳税所得额 × 所得税税率（25%）
      - 应纳税所得额 = 利润总额 + 纳税调增 − 纳税调减
        - Ⅰ. 纳税调增（不允许所得税前扣除的项目或超标的金额）
          - 税收滞纳金
          - 行政罚款
        - Ⅱ. 纳税调减（存在税收优惠的项目）
          - 国债利息收入
    - (2) 递延所得税费用 — （递延所得税负债期末余额 − 递延所得税负债期初余额）−（递延所得税资产期末余额 − 递延所得税资产期初余额）
  - 净利润
  - 本年利润
    - (1) 表结法
      - ①年末编制转账凭证，结转损益类科目至本年利润
      - ②减少本年利润科目的结转环节和工作量
    - (2) 账结法
      - ①月末结转损益类科目至本年利润

第八章 财务报告

（考 8 分）

财务报告

概述

完整的财务报表体系（“4 表 1 注”）
- （1）资产负债表
- （2）利润表
- （3）现金流量表
- （4）附注
- （5）所有者权益变动表（股东权益变动表）

中期财务报告至少应包括的内容：（1）～（4）

资产负债表

概述

- （1）定义 — 反映特定日期财务状况
- （2）填报依据 — 资产 = 负债 + 所有者权益
- （3）填报基础 — 权责发生制
- （4）结构 — 账户式
- （5）排列顺序
  - ①资产和负债 — 流动性强的在前，流动性弱的在后
    - a. 资产流动性划分标准（满足之一）：新
      - Ⅰ. 预计在一个正常营业周期（含因生产周期较长等导致正常营业周期长于一年）中变现、出售或耗用
      - Ⅱ. 主要为交易目的而持有
      - Ⅲ. 预计在资产负债表日起一年内（含一年）变现
      - Ⅳ. 自资产负债表日起一年内，交换其他资产或清偿负债的能力不受限制的现金或现金等价物
    - b. 负债流动性划分标准（满足之一）：新
      - Ⅰ. 预计在一个正常营业周期中清偿，包括超过一年才予以清偿的经营性负债，也属于流动负债
      - Ⅱ. 主要为交易目的而持有
      - Ⅲ. 自资产负债表日起一年内到期应予以清偿
      - Ⅳ. 企业在资产负债表日没有将负债清偿推迟至资产负债表日后一年以上的实质性权利
  - ②所有者权益 — 稳定性强的在前，稳定性弱的在后
- （6）作用 — 帮助财务报表使用者全面了解企业的财务状况、分析企业的偿债能力等情况，从而为其做出经济决策提供依据

填列方法

- （1）根据总账科目余额填列
  - ①货币资金 — 库存现金 + 银行存款 + 其他货币资金
  - ②其他应付款 — 应付股利 + 应付利息 + 其他应付款
  - ③短期借款、实收资本、资本公积、盈余公积等 — 根据各科目期末余额填列
- （2）根据明细账科目余额计算填列
  - ①交易性金融资产 — 根据“交易性金融资产”科目的相关明细科目的期末余额分析填列
  - ②应付账款 — 应付账款（明细贷方）+ 预付账款（明细贷方）
  - ③应付职工薪酬 — 根据“应付职工薪酬”科目的明细科目期末余额计算填列

算填列

- 重要项目填列
  - (3) 根据总账科目和明细账科目余额分析计算填列
    - ②其他非流动负债 — 根据有关科目的期末余额减去将于一年内（含一年）到期偿还数后的金额计算填列
    - ③长期借款（变） — “长期借款”总账科目余额扣除“长期借款”科目所属的明细科目中将在资产负债表日起一年内到期且企业在资产负债表日没有将负债清偿推迟至资产负债表日后一年以上的实质性权利的长期借款后的金额计算填列
  - (4) 根据有关科目余额减去其备抵科目余额后的净额填列
    - ①应收票据 — 应收票据期末余额 − 坏账准备期末余额
    - ②应收账款 — 应收账款（明细借方）＋预收账款（明细借方）− 坏账准备　收对收，付对付；资产为借，负债为贷
    - ③其他应收款 — 应收利息＋应收股利＋其他应收款 − 坏账准备
    - ④固定资产 — 固定资产 − 累计折旧 − 固定资产减值准备 ± 固定资产清理（借加贷减）
    - ⑤在建工程 — （在建工程 − 在建工程减值准备）＋（工程物资 − 工程物资减值准备）
    - ⑥使用权资产 — 使用权资产 − 使用权资产累计折旧 − 使用权资产减值准备
  - (5) 综合运用上述填列方法分析填列（变） — 存货 — 材料采购＋原材料＋库存商品＋周转材料＋委托加工物资＋发出商品 − 存货跌价准备 ± 材料成本差异

利润表

- 概述
  - (1) 定义 — 反映一定会计期间经营成果
  - (2) 填报依据 — 收入 − 费用 ＝ 利润
  - (3) 填报基础 — 权责发生制
  - (4) 结构 — 多步式
- 利润计算
  - (1) 第一步：排除非损益类科目
  - (2) 第二步：损益类科目排除营业外收入、营业外支出、所得税费用，计算金额为营业利润
  - (3) 第三步：营业利润＋营业外收入 − 营业外支出 ＝ 利润总额
  - (4) 第四步：利润总额 − 所得税费用 ＝ 净利润

笔记区

财务报告

现金流量表

概述

- (1) 定义 — 反映一定会计期间现金和现金等价物流入和流出的报表
- (2) 填报基础 — 收付实现制
- (3) 结构 — 报告式
- (4) 编制方法
  - ①直接法 — 以利润表中营业收入为起算点调整计算经营活动产生的现金流量净额
  - ②间接法 — 以利润表中净利润为起算点调整计算经营活动产生的现金流量净额
- (5) 重要概念
  - ①现金 — 库存现金以及可以随时用于支付的存款，包括库存现金、银行存款和其他货币资金
    - 不能随时用于支付的存款不属于现金
  - ②现金等价物 — 期限短（从购买日起三个月内到期）、流动性强、易于转换为已知金额现金、价值变动风险很小的投资
    - 权益性投资变现的金额通常不确定，因而不属于现金等价物；3 个月内到期的债券投资属于现金等价物

重要项目填列

- (1) 经营活动
  - ①现金流入
    - a. 销售商品、提供劳务收到的现金
      - 本期填列金额 = 本期销售商品本期收现（现销现收）+ 前期销售商品本期收现（前销现收）+ 预收商品款（后销现收）− 销售商品退款
    - b. 收到的税费返还
  - ②现金流出
    - a. 购买商品、接受劳务支付的现金
      - 本期填列金额 = 本期购入商品本期付现（现买现付）+ 前期购入商品本期付现（前买现付）+ 预付商品款（后买现付）− 购买商品退款
    - b. 支付给职工以及为职工支付的现金
    - c. 支付的各项税费
    - d. 支付租入包装物的租金
- (2) 投资活动
  - ①现金流入
    - a. 处置固定资产、无形资产和其他长期资产收回的现金净额
    - b. 收到的现金股利或利息
    - c. 收回投资收到的现金
  - ②现金流出
    - a. 购建固定资产、无形资产和其他长期资产支付的现金
    - b. 购买其他方发行的股票、债券等支付的现金
- (3) 筹资活动
  - ①现金流入
    - a. 取得借款收到的现金
    - b. 发行股票或债券募集的现金
    - c. 吸收直接投资收到的现金
  - ②现金流出
    - a. 偿还债务支付的现金
    - b. 支付现金股利或利息产生的现金流出
    - c. 支付使用权资产的租金

若经济业务本身不产生现金流量，则不属于现金流量范围

- 不影响现金流量的交易
  - (1) 从银行提取现金
  - (2) 以签发商业汇票形式购买原材料
  - (3) 向股东分派股票股利
  - (4) 购买两个月内到期的国债投资
  - (5) 计提固定资产折旧
  - (6) 资产抵债

所有者权益变动表

- 定义 —— 反映构成所有者权益各组成部分当期增减变动情况的报表
- 结构（至少应当单独列示的项目）
  - (1) 综合收益总额
  - (2) 会计政策变更和差错更正的累积影响金额
  - (3) 所有者投入资本和向所有者分配利润
  - (4) 提取的盈余公积
  - (5) 实收资本、其他权益工具、资本公积、其他综合收益、专项储备、盈余公积、未分配利润的期初和期末余额及其调节情况

财务报表附注

- 附注的作用
  - (1) 作为对资产负债表、利润表、现金流量表和所有者权益变动表等报表中列示项目的文字描述或明细资料
  - (2) 作为对未能在这些报表中列示项目的说明和各报表列示项目的相互参照
- 附注的主要内容
  - (1) 企业简介和主要财务指标
  - (2) 财务报表的编制基础
  - (3) 遵循企业会计准则的声明
  - (4) 重要会计政策和会计估计
  - (5) 会计政策和会计估计变更以及差错更正的说明
  - (6) 报表重要项目的说明
  - (7) 或有和承诺事项、资产负债表日后非调整事项、关联方关系及其交易等需要说明的事项
  - (8) 有助于财务报表使用者评价企业管理资本的目标、政策及程序的信息

笔记区

第九章 产品成本核算

（考6分）

产品成本核算

成本项目

直接材料、燃料及动力、直接人工、制造费用、废品损失、停工损失等

产品成本计算方法

成本计算方法	品种法	分批法	分步法
核算对象	产品品种	产品批别	产品生产步骤
适用范围	单步骤、大量生产	单件、小批生产	大量大批、多步骤
举例	发电、供水、采掘	造船、重型机器制造、精密仪器制造、新产品试制、在建工程、设备修理作业	冶金、纺织、机械制造
计算周期	成本计算期与财务报告期一致	成本计算期与产品生产周期基本一致	成本计算期固定，与产品生产周期不一致

产品成本的归集和分配

成本项目的归集和分配

- (1) 直接材料 — 将原材料科目转入生产成本
- (2) 直接人工 — 将应付职工薪酬科目转入生产成本
- (3) 制造费用 — 将制造费用科目转入生产成本

计算方法

分配率 = 待分配金额 ÷ 分配标准之和

某产品应分配的金额 = 分配率 × 该产品的分配标准

①直接分配法

- a. 适用范围 — 辅助生产内部相互提供产品和劳务不多、不进行费用的交互分配、对辅助生产成本和企业产品成本影响不大的情况
- b. 优点 — 分配一次，计算简单
- c. 缺点 — 分配结果不够准确

②交互分配法

与直接分配法的适用范围对比记忆

- a. 适用范围 — 辅助生产内部相互提供产品和劳务很多、进行费用的交互分配、对辅助生产成本和产品制造成本影响大的情况
- b. 优点 — 提高了分配的正确性
- c. 缺点 — 增加了分配的工作量
- d. 计算方法
  - Ⅰ. 总体原则：先交互分配，再对外分配
  - Ⅱ. 计算交互分配的分配率：待分配辅助生产费用 ÷ 供应劳务数量

计入生产成本——辅助生产成本

V . 计算基本车间及其他部门的分配金额：耗用量 × 分配率

计入制造费用及管理费用、销售费用

辅助生产费用的归集和分配 — 分配方法

③计划成本分配法

- a. 适用范围 — 辅助生产劳务或产品计划单位成本比较准确的企业
- b. 优点 — 便于成本考核和分析，有利于分清各单位的经济责任
- c. 缺点 — 成本分配不够准确
- d. 计算方法
  - Ⅰ . 总体原则：按劳务或产品的计划单位成本进行分配，实际发生的费用与按计划单位成本分配转出的费用之间的差额计入管理费用
  - Ⅱ . 计划单位成本（分配率） 一般由题目给定
    - 计入生产成本——辅助生产成本
  - Ⅲ . 计算辅助生产车间分配金额：耗用量 × 计划单位成本（分配率）
    - 计入制造费用及管理费用、销售费用
  - Ⅳ . 计算基本车间及其他部门的分配金额：耗用量 × 计划单位成本（分配率）
  - Ⅴ . 计算按计划成本分配金额合计
    - 方法一：各车间按计划单位成本计算的分配金额的合计数
    - 方法二：各车间按计划单位成本计算的分配金额的合计数 − 交互分配的金额
  - Ⅵ . 计算辅助生产实际成本
    - 方法一：待分配辅助生产费用 + 应承担其他车间的辅助生产费用
    - 方法二：待分配辅助生产费用
  - Ⅶ . 辅助生产实际成本与按计划成本分配的金额之间的差额计入管理费用
    - 注：在计算差额的时候两种方法不能交叉使用

④顺序分配法

⑤代数分配法

产品成本核算

- **产品成本的归集和分配**
  - 生产费用在完工产品和在产品之间的分配
    - 分配方法
      - ①不计算在产品成本法
      - ②在产品按固定成本计价法
      - ③在产品按所耗直接材料成本计价法
      - ④约当产量比例法
        - 计算方法（原材料在生产开始时一次投入的，在分配直接材料成本时无须将月末在产品按约当产量计算）
          - Ⅰ. 计算月末在产品约当产量：月末在产品数量 × 完工程度
          - Ⅱ. 计算分配率（单位成本）：（月初在产品成本 + 本月发生生产成本）÷（完工产品产量 + 月末在产品约当产量）
          - Ⅲ. 计算完工产品（在产品）成本：完工产品产量（在产品约当产量）× 分配率
      - ⑤在产品按定额成本计价法
        - 计算方法
          - Ⅰ. 计算月末在产品成本：月末在产品数量 × 在产品单位定额成本
          - Ⅱ. 计算本月完工产品总成本：（月初在产品成本 + 本月发生产品生产成本）− 月末在产品成本
      - ⑥在产品按完工产品成本计价法
      - ⑦定额比例法
        - 计算方法
          - Ⅰ. 计算分配率（各项目单位成本）：（月初在产品该项目实际成本 + 本月投入该项目实际成本）÷（完工产品该项目定额成本 + 月末在产品该项目定额成本）
          - Ⅱ. 计算完工产品（在产品）实际成本：完工产品（在产品）该项目定额成本 × 分配率

笔记区

第十章 政府会计基础

（考2分）

政府会计基础

- **政府会计体系**
  - 政府会计基本准则
  - 政府会计具体准则及应用指南
  - 政府会计制度
- **适用范围**
  - 各级政府、各部门、各单位（不包括军队）
- **特点**
  - 双功能
    - (1) 预算会计
    - (2) 财务会计
  - 双基础
    - (1) 预算会计实行收付实现制，国务院另有规定的，从其规定
    - (2) 财务会计实行权责发生制
  - 双要素
    - (1) 预算会计要素
      - ①预算收入
      - ②预算支出
      - ③预算结余
        - a. 结余资金
        - b. 结转资金
    - (2) 财务会计要素
      - ①资产 — 计量属性 — 历史成本、重置成本、现值、公允价值、名义金额
      - ②负债 — 计量属性 — 历史成本、现值、公允价值
      - ③净资产
      - ④收入
      - ⑤费用
  - 双报告
    - (1) 决算报告 — 以收付实现制为基础，以预算会计核算生成的数据为准，反映预算执行结果
    - (2) 财务报告 — 以权责发生制为基础，以财务会计核算生成的数据为准，反映整体财务状况、运行情况和财政中长期可持续性
- (1) 财政直接支付 — 单位在收到“财政直接支付入账通知书”时，按照通知书直接支付的金额
  - a. 预算会计确认“财政拨款预算收入”并计入行政支出、事业支出等
  - b. 财务会计确认“财政拨款收入”并计入库存物品、固定资产等
- (2) 财政授权支付
  - ①单位收到代理银行盖章的“授权支付到账通知书”时，根据通知书所列数额

行政事业单位常见业务的会计核算

国库集中支付业务

b. 财务会计确认“财政拨款收入”并计入零余额账户用款额度

②按规定支用额度时，按照实际支用的额度

- a. 预算会计用“资金结存——零余额账户用款额度”支付
- b. 财务会计用“零余额账户用款额度”支付

(3) 预算管理一体化

①根据收到的国库集中支付凭证及相关原始凭证，按照凭证上的国库集中支付入账金额

- a. 预算会计借记“行政支出”“事业支出”等科目，贷记“财政拨款预算收入”科目（使用本年度预算指标）或“资金结存——财政应返还额度”科目（使用以前年度预算指标）
- b. 财务会计借记“库存物品”“固定资产”“业务活动费用”等科目，贷记“财政拨款收入”科目（使用本年度预算指标）或“财政应返还额度”（使用以前年度预算指标）

②年末，根据财政部门批准的本年度预算指标数大于当年实际支付数的差额中允许结转使用的金额

- a. 预算会计借记“资金结存——财政应返还额度”科目，贷记“财政拨款预算收入”科目
- b. 财务会计借记“财政应返还额度”科目，贷记“财政拨款收入”科目

非财政拨款收支业务

(1) 事业（预算）收入 —— 不包括从同级政府财政部门取得的各类财政拨款

(2) 捐赠（预算）收入和支出

- ①捐赠（预算）收入
  - a. 现金捐赠收入
  - b. 非现金捐赠收入
- ②捐赠（支出）费用 — 单位对外捐赠库存物品、固定资产等非现金资产的，在财务会计中应当将资产的账面价值转入资产处置费用科目，如未支付相关费用，预算会计则不作账务处理

预算结转结余及分配业务

(1) 财政拨款结转结余

- ①财政拨款结转的核算 — “财政拨款结转”科目核算单位滚存的财政拨款结转资金
- ②财政拨款结余的核算 — “财政拨款结余”科目核算单位滚存的财政拨款项目支出结余资金

(2) 非财政拨款结转结余

- ①非财政拨款结转的核算 — 单位除财政拨款收支、经营收支以外的各非同级财政拨款专项资金收入与其相关支出相抵后剩余滚存的、须按规定用途使用的结转资金
- ②非财政拨款结余的核算 — 单位历年滚存的非限定用途的非同级财政拨款结余资金，主要为非财政拨款结余扣除结余分配后滚存的金额
- ③专用结余的核算 — 指事业单位按照规定从非财政拨款结余中提取的具有专门用途的资金，核算专用结余资金的变动和滚存情况（新）
- ④经营结余的核算 — 核算事业单位本年度经营活动收支相抵后余额弥补以前年度经营亏损的余额（新）
- ⑤其他结余的核算 — 核算单位本年度除财政拨款收支、非同级财政专项资金收支和经营收支以外各项收支相抵后的余额（新）
- ⑥非财政拨款结余分配的核算 — 核算事业单位本年度非财政拨款结余分配的情况和结果（新）

政府会计基础

行政事业单位常见业务的会计核算

- **净资产业务** — 指政府会计主体资产扣除负债后的净额。单位财务会计净资产的来源主要包括累计实现的盈余和无偿调拨的净资产
- **资产业务**
  - (1) 资产取得
    - ①外购的资产
    - ②自行加工或自行建造的资产
    - ③接受捐赠的非现金资产
    - ④无偿调入的资产
    - ⑤置换取得的资产
  - (2) 资产处置 — 无偿调拨、出售、出让、转让、置换、对外捐赠、报废、毁损以及货币性资产损失核销等
  - (3) 固定资产 — 单位应当按月对固定资产计提折旧，下列固定资产除外
    - a. 文物和陈列品
    - b. 动植物
    - c. 图书、档案
    - d. 单独计价入账的土地
    - e. 以名义金额计量的固定资产

    当月增加的固定资产，当月开始计提折旧；当月减少的固定资产，当月不再计提折旧

    固定资产是指单位为满足自身开展业务活动或其他活动需要而控制的，使用年限超过1年（不含1年）、单位价值在规定标准以上，并在使用过程中基本保持原有物质形态的资产 新
- **负债业务**
  - (1) 应缴财政款
    - ①应缴国库的款项
    - ②应缴财政专户的款项
  - (2) 应付职工薪酬 — 按照有关规定应付给职工（含长期聘用人员）及为职工支付的各种薪酬

笔记区

免费领取

扫描封面二维码
免费领取超多学习资料

音频好课
送
图书对应音频好课，边听边学，吸收好。

60次答疑
60 送
每科30次答疑机会。有问题，随时问。

2次口碑模考
送
考前来套模拟卷，体验相似考试界面，自信赴考。

丰富内部资料
送
《2025年初级新变解读》《学习打卡表》等
电子版资料。

（以上权益有效期截至2025年度会计专业技术初级资格考试结束）

上架建议：考试用书
ISBN 978-7-121-49330-0
9 787121 493300 >
定价：37.00元（全两册）

斯尔教育 官方公众号

PHEI
责任编辑：张春雨
封面设计：师鑫祺

斯尔教育 SINCERE EDU | 斯维导图

初级 2025

会计专业技术初级资格考试辅导用书

经济法基础

斯尔教育　组编

扫码添加 规划师
领取图书权益和独家资料
学起来更省力

初级·斯维导图
2025初级会计职称
考试结束前扫码有效

中国工信出版集团　電子工業出版社 PUBLISHING HOUSE OF ELECTRONICS INDUSTRY

斯尔教育 SINCERE EDU | 斯维导图

会计专业技术初级资格考试辅导用书

经济法基础

斯尔教育　组编

斯维导图

電子工業出版社
Publishing House of Electronics Industry
北京·BEIJING

图书在版编目（CIP）数据

经济法基础 / 斯尔教育组编. -- 北京 : 电子工业出版社, 2025. 2. --（会计专业技术初级资格考试辅导用书）. -- ISBN 978-7-121-49330-0

Ⅰ. D922.29

中国国家版本馆CIP数据核字第2024CD0194号

责任编辑：张春雨
印　　刷：天津鸿景印刷有限公司
装　　订：天津鸿景印刷有限公司
出版发行：电子工业出版社
　　　　　北京市海淀区万寿路173信箱　　　　邮编：100036
开　　本：787×1092　1/16　　印张：7.5　　字数：283千字
版　　次：2025年2月第1版
印　　次：2025年2月第1次印刷
定　　价：37.00元（全两册）

凡所购买电子工业出版社图书有缺损问题，请向购买书店调换。若书店售缺，请与本社发行部联系，联系及邮购电话：（010）88254888，88258888。

质量投诉请发邮件至zlts@phei.com.cn，盗版侵权举报请发邮件至dbqq@phei.com.cn。

本书咨询联系方式：faq@phei.com.cn。

目录

使用指南

新 新增内容

变 变动内容

- 背诵和记忆内容
- 关键词句

提示性、拓展性内容

第一章 总论

（考 6 分）

总论

- 法律基础
  - 法的本质和特征
    - (1) 本质：统治阶级的国家意志的体现
    - (2) 特征：国家意志性、国家强制性、规范性、明确公开性、普遍约束性
  - 法的渊源

形式		制定机关	命名特征
宪法		全国人民代表大会（以下简称全国人大）	—
法律		全国人大及其常委会	“××法”
行政法规		国务院	“××条例”
地方性法规		地方人大及其常委会，设区的市人大及其常委会（地方性法规，仅限于城乡建设与管理、生态文明建设、历史文化保护和基层治理等方面）	“地名＋××条例”
规章	部门规章	国务院各部、委员会等具有行政管理职能的直属机构	“××办法 / 实施细则 / 规定”
规章	地方政府规章	省、自治区、直辖市和设区的市、自治州的人民政府	“地名＋××办法 / 实施细则 / 规定”

自治条例和单行条例、特别行政区的法、国际条约均属于；最高院的判决不属于

  - 法的效力冲突解决
    - (1) 一般原则
      - ①根本法＞普通法
      - ②上位法＞下位法
        - a. 宪法＞法律＞行政法规＞部门规章
        - b. 宪法＞法律＞行政法规＞地方性法规＞本级和下级地方政府规章
      - ③特别法＞一般法
      - ④新法＞旧法
    - (2) 特殊方式
      - ①法律 vs 法律
      - ②法律 vs 授权制定的行政法规
        - 提请全国人大常委会裁决
      - ③行政法规 vs 行政法规
      - ④部门规章 vs 部门规章
      - ⑤部门规章 vs 地方政府规章
        - 提请国务院裁决
      - ⑥部门规章 vs 地方性法规
        - a. 国务院认为适用部门规章→提请全国人大常委会裁决
        - b. 国务院认为适用地方性法规→直接适用

- ①绝对事件：地震、洪水等
- ②相对事件：社会革命、战争等

法律事实
- （2）法律行为
  - ①合法行为 vs 违法行为
  - ②积极行为 vs 消极行为
  - ③有偿行为 vs 无偿行为
  - ④单方行为 vs 多方行为
  - ⑤要式行为 vs 非要式行为
  - ⑥自主行为 vs 代理行为
- （3）事实行为：常见的有正当防卫、侵权行为等

法律体系：宪法及宪法相关法 | 民商法 | 行政法 | 经济法 | 劳动法与社会法 | 刑法 | 诉讼与非诉讼程序法

经济法主要包括反垄断、反不正当竞争、消费者权益保护、财政、税收、金融、对外贸易等方面的法律

法律关系 — 主体 — （1）自然人
- ①民事权利能力：出生时起、死亡时止
- ②民事行为能力
  - a. 无民事行为能力人：年龄＜8 周岁或不能辨认自己行为
  - b. 限制民事行为能力人：8 周岁≤年龄＜18 周岁或不能完全辨认自己的行为
  - c. 完全民事行为能力人
    - Ⅰ. 年龄≥18 周岁且智力健全
    - Ⅱ. 视为：16 周岁≤年龄＜18 周岁且“自力更生”
- ③刑事责任能力
  - a. 需负刑事责任的范围
    - Ⅰ. 12 周岁≤年龄＜14 周岁：故意“杀、伤，致死或重残”，最高检核准的
    - Ⅱ. 14 周岁≤年龄＜16 周岁：犯“杀伤强抢、火爆毒危”的
    - Ⅲ. 年龄≥16 周岁：只要犯罪就应负责
  - b. 从轻、减轻处罚的情形
    - Ⅰ. 12 周岁≤年龄＜18 周岁的犯罪
    - Ⅱ. 年龄≥75 周岁的过失犯罪

      “应当”轻
    - Ⅲ. 年龄≥75 周岁的故意犯罪
    - Ⅳ. 又聋又哑或盲人犯罪

      “可以”轻

总论

- 法律关系
  - 主体
    - (2) 法人
      - ①分类
        - a. 营利法人：各种公司和全民 / 集体所有制企业
        - b. 非营利法人：事业单位、社会团体、基金会、社会服务机构等
        - c. 特别法人：机关法人、农村集体经济组织法人、城镇农村的合作经济组织法人和基层群众性自治组织法人
      - ②解散
        - a. 章程规定的存续期间届满或其他解散事由出现
        - b. 法人的权力机构决议解散
        - c. 因法人合并或者分立需要解散
        - d. 法人依法被吊销营业执照、登记证书，被责令关闭或者被撤销
      - ③终止
        - a. 法人解散
        - b. 法人被宣告破产
    - (3) 非法人组织
      - ①类型：个人独资企业、合伙企业等
      - ②特点
        - Ⅰ. 不具有法人资格，但能以自己的名义从事民事活动
        - Ⅱ. 出资人或设立人承担无限责任
    - (4) 国家：特殊情况下，国家可以作为一个整体成为法律主体
  - 客体
    - (1) 物
    - (2) 人身、人格
      - ①人的整体只能是法律关系的主体，不能是客体
      - ②人的部分在某些情况下可成为法律关系的客体，如遗体捐赠
    - (3) 智力成果：作品、发明、实用新型、外观设计、商标等
    - (4) 信息、数据、网络虚拟财产：矿产情报、产业情报、国家机密、商业秘密、个人隐私等
    - (5) 行为
  - 内容
    - (1) 权利
    - (2) 义务

法律责任

民事责任：停止侵害，排除妨碍，消除危险，返还财产，恢复原状，赔偿损失，支付违约金，恢复名誉，赔礼道歉等

行政责任

- （1）处罚
  - 警告既是处罚，又是处分
  - ①声誉罚：警告、通报批评
  - ②财产罚：罚款、没收违法所得、没收非法财物
  - ③行为罚：暂扣许可证、降低资质等级、吊销许可证件；限制开展生产经营活动、责令停产停业、责令关闭、限制从业
  - ④人身罚：行政拘留
- （2）处分：警告、记过、记大过、降级、撤职、开除

刑事责任

- （1）主刑
  - ①管制：3 个月以上 2 年以下
  - ②拘役：1 个月以上 6 个月以下
  - ③有期徒刑：6 个月以上 15 年以下
  - ④无期徒刑
  - ⑤死刑：立即执行和缓期 2 年执行
- （2）附加刑：罚金、剥夺政治权利、没收财产、驱逐出境
  - 可同主刑一起适用，也可单独适用
- （3）数罪并罚：管制不超 3 年；拘役不超 1 年

笔记区

第二章 会计法律制度（考 8 分）

会计法律制度

会计工作管理体制

- (1) 国务院财政部主管全国会计工作，县级以上各级财政部管理本行政区域内的会计工作
- (2) 单位负责人对本单位的会计工作和会计资料的真实性、完整性负责

会计核算

基本要求

- (1) 依法建账
- (2) 根据实际发生的经济业务事项进行会计核算
- (3) 保证会计资料的真实和完整
  - "以假充真"是伪造，"歪曲事实"是变造
- (4) 采用正确的会计处理方法
- (5) 正确使用会计记录文字
  - ①一般情况：中文
  - ②民族自治地方：中文 + 民族文字
  - ③外企：中文 + 外文
  - 民族文字 / 外文为选用

会计年度及记账本位币

- (1) 会计年度：公历的 1 月 1 日至 12 月 31 日
- (2) 记账本位币
  - ①一般情况：人民币
  - ②业务收支外币为主
    - a. 日常核算：可以选定其中一种货币作为记账本位币（外币）
    - b. 编报的财务会计报告：应当折算为人民币

会计凭证

- (1) 原始凭证（原件不得外借，经批准可复制）
  - ①基本要求：不得涂改
  - ②金额错误：不得更正，由出具单位重开
  - ③其他错误：由出具单位重开或更正，更正处应当加盖出具单位印章
- (2) 记账凭证：填制时发生错误要重新填制

会计账簿

- (1) 构成：总账、明细账、日记账和其他辅助账簿
- (2) 要求
  - ①启用：不跳页、缺号
  - ②登记：会计电算化的单位，打印的会计账簿连续编号，并由记账人员、会计机构负责人、会计主管人员签字或盖章
  - ③更正
    - a. 登记错误：划红线注销 + 记账人员盖章
    - b. 记账凭证错误：按更正后的记账凭证登记

财务会计报告

不包括审计报告

(2) 对外提供
- ①编制依据一致
- ②单位负责人、主管会计工作的负责人、会计机构负责人（会计主管人员）、总会计师（如有）签名并盖章

账务核对
- (1) 账证核对：账簿与凭证
- (2) 账账核对：账簿与账簿
- (3) 账实核对：账簿与实物
- (4) 账表核对：账簿与报表

会计档案管理

会计档案保管期限

最低保管期限		会计档案
永久		年报、会计档案保管清册、会计档案销毁清册、会计档案鉴定意见书
定期	30 年	凭证、账簿、会计档案移交清册
	10 年	其他财报（半年度、季度、月度）、银行存款余额调节表、银行对账单、纳税申报表
	5 年	固定资产卡片（固定资产报废清理后起算）

鉴定与销毁
- (1) 鉴定
  - ①已到期的先鉴定，形成会计档案鉴定意见书
  - ②保管期满 + 无保存价值的→销毁；仍需保存的→重新划定保管期限
- (2) 销毁
  - ①档案管理机构编制会计档案销毁清册
  - ②五方签署意见：单位负责人、档案管理机构负责人、会计管理机构负责人、档案管理机构经办人、会计管理机构经办人
  - ③档案管理机构和会计管理机构共同派员，电子档案还需信息系统管理机构派员监销
  - ④不得销毁：涉及未了事项的会计凭证

会计机构、岗位与人员

代理记账机构
- (1) 资格（同时符合）
  - ①企业依法设立
  - ②专职人员数量≥ 3 人
  - ③主管负责人：有会计师证 / 专职从事会计工作不少于 3 年
  - ④内部规范健全
- (2) 业务范围
  - ①进行会计核算
  - ②对外提供财报
  - ③向税务机关提供税务资料
  - ④其他会计业务
- (3) 双方义务
  - ①委托方：填制或取得原始凭证、专人负责日常货币收支和保管、及时提供原始凭证和相关资料、对代理记账机构退回的凭证和资料进行更正或补充
  - ②代理记账机构：按规定记账、对商业秘密保密、对委托人的不当要求和不实资料应予以拒绝、对委托人会计处理相关的问题予以解释

会计法律制度

会计机构、岗位与人员

会计岗位

- (1) 设置
  - ① “一人一岗、一人多岗、一岗多人” 均可
  - ②出纳不得兼管稽核、会计档案保管和收入、支出、费用、债权债务账目的登记工作
  - ③档案管理部门的会计档案管理，不属于会计岗位
- (2) 回避
  - ①适用对象：国家机关、国有企业、事业单位
  - ②回避范围：夫妻关系、直系血亲关系、三代以内旁系血亲以及姻亲关系
  - ③回避链条：单位领导人→会计机构负责人、会计主管人员→出纳

会计人员

- (1) 会计专业职务要求

学历和学位要求	助理会计师	会计师	高级会计师	正高级会计师
高中毕业	√	—	—	—
大学专科	√	从事相关工作满 5 年	取得会计师职称，从事相关工作满 10 年	—
大学本科 / 学士	√	从事相关工作满 4 年	取得会计师职称，从事相关工作满 5 年	取得高级会计师职称后，从事相关工作满 5 年
第二学士 / 研究生班	√	从事相关工作满 2 年		
硕士	√	从事相关工作满 1 年		
博士	√	无须从事相关工作	取得会计师职称，从事相关工作满 2 年	

- (2) 继续教育：学分 ≥ 90、专业科目 ≥ 2/3
- (3) 总会计师：行政领导、会计人员

会计工作交接

- (1) 职责分工
  - ①移交人员对所移交的会计资料的合法性和真实性负责
  - ②接替人员应当继续使用移交的会计账簿，不得另立新账
- (2) 程序
  - ①现金、有价证券要点交
  - ②凭证、账簿、报表和其他会计资料须完整无缺
  - ③会计电算化的，须在实际操作状态下进行
  - ④移交遗留问题应当写出书面材料
- (3) 监交
  - ①一般会计人员交，会计机构负责人监
  - ②会计机构负责人交，单位负责人监

会计监督

单位内部监督

- (1) 主体及对象
  - ①监督主体：各单位的会计机构、会计人员
  - ②监督对象：单位的经济活动
- (2) 不相容职务相分离原则
  - ①业务经办 vs 授权批准 / 会计记录 / 稽核检查
  - ②会计记录 vs 财产保管
  - ③授权批准 vs 监督检查

政府监督

- (1) 主体
  - ①主要部门：各级财政部门
  - ②其他部门：审计、税务、金融监管、证券监管等部门
- (2) 内容
  - ①监督与查询：在发现重大违法嫌疑时，国务院财政部门及其派出机构可以向有关金融机构查询有关情况

- 社会监督
  - (2) 群众举报：单位检举和个人检举

会计法律责任 新

- “违十条”
  - (1) 具体行为
    - ①不依法设置会计账簿的
    - ②私设会计账簿的
    - ③未按照规定填制、取得原始凭证或者填制、取得的原始凭证不符合规定的
    - ④以未经审核的会计凭证为依据登记会计账簿或者登记会计账簿不符合规定的
    - ⑤向不同的会计资料使用者提供的财务会计报告编制依据不一致的
    - ⑥随意变更会计处理方法的
    - ⑦未按照规定使用会计记录文字或者记账本位币的
    - ⑧未按照规定保管会计资料，致使会计资料毁损、灭失的
    - ⑨未按照规定建立并实施单位内部会计监督制度或者拒绝依法实施的监督或者不如实提供有关会计资料及有关情况的
    - ⑩任用会计人员不符合规定的
  - (2) 法律责任
    - ①县级以上财政部门
      - a. 责令限期改正，给予警告、通报批评
      - b. 罚款
        - Ⅰ. 单位
          - · 20 万元以下
          - · 情节严重的，20 万元以上 100 万元以下
        - Ⅱ. 个人
          - · 5 万元以下
          - · 情节严重的，5 万元以上 50 万元以下
    - ②公职人员：给予行政处分
    - ③会计人员：情节严重的，5 年内不得从事会计工作
    - ④构成犯罪的：追究刑事责任
- “恶两条”
  - (1) 具体行为
    - ①伪造、变造会计凭证、会计账簿，编制虚假财务会计报告
    - ②隐匿或者故意销毁会计资料
  - (2) 法律责任
    - ①县级以上财政部门
      - a. 责令限期改正，给予警告、通报批评、没收违法所得
      - b. 罚款
        - Ⅰ. 单位
          - · 违法所得 20 万元以上：1 ~ 10 倍罚款
          - · 无违法所得或违法所得不足 20 万元可以并处 20 万元以上 200 万元以下罚款
        - Ⅱ. 个人
          - · 10 万元以上 50 万元以下
          - · 情节严重的，50 万元以上 200 万元以下

          直接负责的主管人员和其他直接责任人员
    - ②公职人员：给予行政处分
    - ③会计人员：5 年内不得从事会计工作
    - ④构成犯罪的：追究刑事责任

第三章 支付结算法律制度

（考 8 ～ 15 分）

支付结算法律制度

- **支付结算概述**
  - 原则
    - (1) 恪守信用，履约付款
    - (2) 谁的钱进谁的账、由谁支配
    - (3) 银行不垫款
  - 要求
    - (1) 使用的票据和结算凭证要按中国人民银行统一规定印制
    - (2) 不得伪造、变造票据和结算凭证上的内容（伪造主要针对签章，变造针对签章以外事项）
  - 规范（票据和结算凭证通用）
    - (1) 填写
      - ①金额：中文大写 + 阿拉伯数码（二者不一致的票据无效，结算凭证银行不予受理）
      - ②日期：中文大写
      - ③名称：全称 / 规范化简称
    - (2) 更改
      - ①出票金额、出票日期、收款人名称不能改，更改后票据无效，结算凭证银行不受理
      - ②其他记载事项原记载人可改，更改时签章
  - 基本要求
    - (1) 开立
      - ①核准与备案
        - a. 核准
          - Ⅰ. 预算单位专用存款账户
          - Ⅱ. 合格境外机构投资者在境内从事证券投资开立的人民币特殊账户和人民币结算资金账户
          - Ⅲ. 特殊类型的基本存款账户和临时存款账户
        - b. 备案：企业 / 个人开立的各种账户
      - ②预留签章
        - a. 单位户：单位章 + 个人章（公章 / 财务专用章；法定代表人或其授权人的签名 / 盖章）
        - b. 个人户：个人签名 / 盖章
    - (2) 撤销
      - ①最后撤销基本存款账户
      - ②核对余额；交回空白票据、结算凭证及许可证，核对后可销户
      - ③未结清债务的不予撤销

银行结算账户

单位银行结算账户

- ①主办账户，办理日常转账结算和现金收付，一个单位只能开立一个
- ②开立单位要求
  - a. 团级（含）以上军队、武警部队及分散执勤的支（分）队
  - b. 异地常设机构
  - c. 单位设立的独立核算的附属机构
  - d. 境外机构

（2）一般户
- ①在基本户开户行以外的银行开立
- ②可缴存现金，不得支取

（3）专用户：对特定用途资金进行专项管理和使用而开立

（4）临时户
- ①使用期限≤2年；可支取现金，注册验资的临时账户在验资期间只收不付
- ②适用范围
  - a. 设立临时机构
  - b. 异地临时经营活动
  - c. 注册验资、增资
  - d. 军队、武警单位承担临时任务

（5）预算单位零余额户
- ①适用：实行财政国库集中支付的预算单位
- ②一个基层预算单位开立一个
- ③用于财政授权支付，可转账、提现等

个人银行结算账户

业务		Ⅰ类	Ⅱ类	Ⅲ类
转账业务	转出资金	√	限额	限额
	转入资金	√	限额＋面对面	限额＋面对面
消费和缴费		√	限额	限额
投资理财、借还贷款、配发实体卡		√	√	×
现金存取款		√	限额＋面对面	×
限额		无	日累计≤1万元、年累计≤20万元	任一时点余额≤2 000元

支付结算法律制度

票据

当事人

- (1) 基本当事人：出票人、收款人、付款人
- (2) 非基本当事人：承兑人、背书人、被背书人、保证人等

分类

票据分类			即付/远期	出票人	付款人
本票	银行本票		即付票据	银行	银行
汇票	银行汇票		即付票据	银行	银行
	商业汇票	商业承兑汇票	即付 / 远期票据	企业	承兑企业
		银行承兑汇票			承兑银行
支票	现金支票、转账支票、普通支票（划线支票是普通支票的一种）		即付票据	企业	出票人的开户行

票据行为

- (1) 出票
  - ①包括：签发 + 交付
  - ②记载事项
    - a. 必须记载事项：如不记载，行为无效
    - b. 相对记载事项：未记载，不影响效力
    - c. 任意记载事项：不记载，不影响；若记载，则产生效力
  - ③效力：承担承兑或付款的责任
- (2) 背书
  - ①分类
    - a. 转让背书（含票据贴现）
    - b. 非转让背书（包括委托收款背书和质押背书）
  - ②记录：背书应当连续
  - ③特别规定
    - a. 附条件背书：背书有效、条件无效
    - b. 部分背书：背书无效
    - c. 禁转背书
      - Ⅰ. 出票人记载：票据丧失流通性
      - Ⅱ. 背书人记载：后手再背书转让的，原背书人对后手的被背书人不承担保证责任，只对直接的被背书人承担责任
    - d. 期后背书：票据被拒绝承兑、被拒绝付款或者超过付款提示期限的，不得背书转让；背书转让的，背书人应当承担票据责任
- (3) 承兑
  - ①效力：不得附条件；附条件视为拒绝承兑
  - ②提示承兑
    - a. 定日付款、出票后定期付款→汇票到期日前
    - b. 见票后定期付款→出票日起 1 个月内
  - ③受理承兑：收到之日起 3 日内承兑 / 拒绝
  - ④记载承兑日期：未记载的以最后一天为承兑日期

③效力：不得附条件；附条件不影响保证责任

- (4) 保证
  - ②记载事项
    - a. 表明“保证”的字样
    - b. 保证人名称和住所
    - c. 被保证人的名称　未记载：已承兑的为承兑人；未承兑的为出票人
    - d. 保证日期　未记载：为出票日期
    - e. 保证人签章

- 票据权利
  - (1) 分类
    - ①付款请求权
      - a. 提示付款期限

票据种类		提示付款期限
即期票据	银行汇票	自出票日起 1 个月内
	银行本票	自出票日起不超过 2 个月
	支票	自出票日起 10 日内
远期票据	商业汇票	自票据到期日起 10 日内

      - b. 效力：付款人足额付款后，全体票据债务人的责任解除
    - ②追索权
      - a. 适用
        - Ⅰ. 期前
          - · 汇票被拒绝承兑
          - · 承兑人 / 付款人死亡、逃匿、破产、被责令终止业务活动
        - Ⅱ. 期后：被拒绝付款
      - b. 被追索人：出票人、背书人、承兑人和保证人　可以不按顺序，对一人、数人或全体行使
      - c. 行使
        - Ⅰ. 持票人提供被拒绝承兑或拒绝付款的证明
        - Ⅱ. 持票人在收到上述证明 3 日内，将被拒绝事由书面通知其前手
        - Ⅲ. 追索金额 = 已清偿金额 + 利息 + 发出通知书的费用
  - (2) 取得
    - ①基本要求
      - a. 具有真实交易或债权债务关系
      - b. 税收、继承、赠与可无偿取得，但其票据权利不优于前手
    - ②不取得票据权利的情形
      - a. 以欺诈、偷盗或者胁迫等取得票据的，或者出于恶意取得票据的
      - b. 因重大过失取得不合法票据的
  - (3) 行使与保全
    - ①按期提示
      - a. 汇票未按期提示承兑，丧失对其前手的追索权
      - b. 本票未按期提示见票，丧失对出票人以外的前手的追索权
    - ②依法证明：持票人未能出示或提供合法证明的，丧失对其前手的追索权

支付结算法律制度

票据

票据权利

- (4) 票据丧失的补救
  - ①挂失止付
    - a. 适用的票据种类
      - Ⅰ. 已承兑的商业汇票
      - Ⅱ. 支票
      - Ⅲ. 填明“现金”字样和“代理付款人”的银行汇票
      - Ⅳ. 填明“现金”字样的银行本票
    - b. 止付义务
      - Ⅰ. 收到通知时未付款：暂停支付 12 天
      - Ⅱ. 收到通知前已付款：不再承担责任（恶意或重大过失除外）
  - ②公示催告
    - a. 失票人申请：挂失止付 3 日内 / 失票后申请
    - b. 法院受理和公告：立案 3 日内发出公告，公告应在全国性报纸或其他媒体刊登，并同日公布于法院公告栏；公告期间不少于 60 日，且公告期届满日不早于票据付款日后 15 日
    - c. 付款人止付：收到法院通知后立即止付，直至公示催告程序结束
  - ③普通诉讼
    - a. 原告：失票人
    - b. 被告：承兑人或出票人

银行汇票

- (1) 用途
  - ①转账
  - ②填明“现金”字样的可支取现金（申请人和收款人均为个人）
- (2) 实际结算金额与出票金额不一致
  - ①实际结算金额＜出票金额：出票银行退还
  - ②实际结算金额＞出票金额
  - ③未填明实际结算金额和多余金额
  - （②③：银行不予受理）

商业汇票

- (1) 分类
  - ①承兑人
    - a. 商业承兑汇票
    - b. 银行承兑汇票
  - ②形式
    - a. 电子商业汇票（出票、承兑、背书、保证、提示付款和追索等业务，必须通过电子商业汇票系统办理）
    - b. 纸质商业汇票
- (2) 出票（变）
  - ①使用条件：对于电子商业汇票，金额 100 万元以上原则上应使用，300 万元以上必须使用
  - ②付款期限：与真实交易的履行期限相匹配，自出票日起至到期日止，最长不得超过 6 个月
- (3) 信息披露
  - ①承兑人：承兑完成日次一个工作日内完成
  - ②企业：签收前可通过平台查询承兑信息

- (4) 贴现
  - ②贴现利息
    - a. 公式：贴现利息 = 票面金额 × 日贴现率 × 贴现期
    - b. 日贴现率：年贴现率 /360
    - c. 贴现期：贴现日至汇票到期前 1 日；若承兑人在异地，另加 3 天（算头不算尾，异地加 3 天）

支票 （变）

- (1) 现金支票：只可取现
- (2) 普通支票
  - ①一般情形：取现和转账均可
  - ②划线支票（只可转账）
- (3) 转账支票（只可转账）

银行其他非现金支付业务

汇兑

- (1) 分类
  - ①信汇
  - ②电汇
- (2) 受理及汇出
  - ①汇出行：受理并审核汇兑凭证，办理汇款，签发汇款回单
  - ②汇入行：将款项转入收款人账户，发出收账通知（款项已收入收款人账户的凭据）

委托收款

- (1) 适用：同城、异地均可
- (2) 签发委托收款凭证（欠缺其一，银行不受理）
  - ①表明“委托收款”的字样
  - ②确定的金额、委托日期
  - ③付款人名称、收款人名称
  - ④收款人签章
  - ⑤委托收款凭据名称及附寄单证张数
- (3) 付款
  - ①付款人
    - a. 银行：当日付款
    - b. 单位：接到通知当日书面通知银行付款；接到通知次日起 3 日内未通知银行，视同同意付款，第 4 日银行直接付款
  - ②拒绝付款：收到凭证或通知的次日起 3 日内出具拒绝证明

笔记区

支付结算法律制度

银行其他非现金支付业务

银行卡

- （1）分类
  - ①是否可透支
    - a. 信用卡
      - Ⅰ. 贷记卡（无备用金）
      - Ⅱ. 准贷记卡（有备用金）
    - b. 借记卡
  - ②币种：人民币卡 vs 外币卡
  - ③发行对象：单位卡 vs 个人卡
  - ④信息载体：磁条卡 vs 芯片（IC）卡
- （2）使用金额限制
  - ①信用卡：单卡单日 ATM 取现≤ 1 万元
  - ②借记卡：单卡单日 ATM 取现≤ 2 万元
  - ③储值卡：面值或币值≤ 1 000 元
- （3）计息与收费
  - ①信用卡透支利率由发卡机构与持卡人自主协商，取消上下限管理
  - ②取消信用卡滞纳金；超授信额度用卡的，不得收取超限费
  - ③违约金、年费、取现手续费等服务费用不得计收利息
- （4）银行卡收单

收取方	费用类型	金额（X）
收单机构	收单服务费	与商户协商确定
发卡机构	发卡服务费	借记卡：$X \leqslant 0.35\%$，单笔≤ 13 元
		贷记卡：$X \leqslant 0.45\%$，单笔不封顶
银行卡清算机构	网络服务费	$X \leqslant 0.065\%$，发卡、收单机构各承担 50%

银行电子支付

- （1）网上银行
  - ①企业网上银行主要功能
    - a. 账户信息查询
    - b. 支付指令
    - c. B2B 网上支付
    - d. 批量支付
  - ②个人网上银行主要功能
    - a. 账户信息查询
    - b. 银证转账业务
    - c. 外汇买卖业务
    - d. 账户管理业务
    - e. B2C 网上支付
    - f. 人民币转账业务
- （2）条码支付（变）
  - ①资格
    - a. 支付机构提供条码支付业务（付款扫码）应取得网络支付业务许可
    - b. 支付机构提供条码支付收单业务（收款扫码）应分别取得网络支付业务许可和银行卡收单业务许可
  - ②交易验证要素
    - a. 仅客户本人知悉的要素：静态密码
    - b. 仅客户本人持有并特有的不可复制要素：经安全认证的数字证书、电子签名，以及通过安全渠道生成和传输的一次性密码

支付机构非现金支付业务

网络支付

（1）开户要求

②单位：核实开户意愿；面对面核实或非面对面至少 3 个合法安全的外部渠道多重交叉验证身份

③共性要求：签订协议，约定限额和笔数，超出不予办理

（2）交易限额

①用含数字证书或电子签名共 2 类以上要素验证的：自主约定

②用不含数字证书、电子签名的 2 类以上要素验证的：单客户单日累计不超过 5 000 元

③用不足 2 类要素验证的：单客户单日累计不超过 1 000 元

预付卡

（1）记名 vs 不记名

项目	记名预付卡	不记名预付卡
单张限额	5 000 元	1 000 元
挂失	可挂失	不可挂失
赎回	购卡后 3 个月可赎回	不可赎回
有效期	不得设置有效期	不得低于 3 年；超过有效期尚有资金余额可延期、激活、换卡
实名办理	需要	一次性购买 1 万元以上需要

（2）使用要求

①不得提现

②不得用于购买、交换非本发卡机构发行的预付卡、单一行业卡及其他商业预付卡或向其充值

③卡内资金不得向银行账户或向非本发卡机构开立的网络支付账户转移

违反账户管理规定的行政处罚

环节		非经营性存款人	经营性存款人
开立、撤销账户违规的		警告 +1 000 元罚款	警告 +1 万元以上 3 万元以下罚款
伪造、变造、私自印制开户许可证的		1 000 元罚款	1 万元以上 3 万元以下罚款
使用银行结算账户违规的	开户资料发生变更未在规定期限内通知银行	警告 +1 000 元罚款	
	其他	警告 +1 000 元罚款	警告 +5 000 元以上 3 万元以下罚款

笔记区

第四章 税法概述及货物和劳务税法律制度（考20分）

税法概述及货物和劳务税法律制度

税收法律制度概述

- 税收的概念与特征
  - （1）主体：国家
  - （2）征税的依据：政治权利
  - （3）本质：一种特定的分配形式
  - （4）特征：强制性、无偿性、固定性
- 税收法律关系
  - （1）主体
    - ①包含：国家各级税务机关和海关及纳税义务人
    - ②确认原则：属地兼属人
  - （2）客体：征税对象
  - （3）内容：主体所享受的权利和所应承担的义务（最实质的、税法的灵魂）
- 现行征收机关
  - （1）海关：关税；船舶吨税；委托代征的进口环节的增值税、消费税
  - （2）税务机关：除海关负责的税种以外的其他所有税种，同时部分非税收入和社会保险费的征收也由税务机关负责
- 税法要素
  - （1）纳税人：直接负有纳税义务的法人、自然人和其他组织
  - （2）征税对象：区别不同税种的重要标志
  - （3）税率
    - ①比例税率：对同一征税对象，不论其数额大小，均按同一比例征税的税率
    - ②定额税率：按征税对象的一定单位直接规定固定的税额
    - ③累进税率
      - a. 全额累进税率：目前我国不采用
      - b. 超额累进税率
      - c. 超率累进税率
  - （4）计税依据：从价、从量和复合
  - （5）纳税环节、纳税期限、纳税地点
  - （6）税收优惠
    - ①减税和免税
    - ②起征点：未达到不征税；达到或超过的就其全部数额征税
    - ③免征额：就征税对象中的一部分给予减免，只就减除后的剩余部分征税
  - （7）法律责任：包括行政责任和刑事责任

增值税法律制度

- 征税范围
  - （1）销售货物：有偿转让货物的所有权
    - 指有形动产，包括电力、热力和气体
  - （2）销售劳务：有偿提供加工、修理修配劳务
  - （3）销售服务
    - ①交通运输服务
      - a. 陆路运输服务：出租车司机向出租车公司交的“份子钱”
      - b. 水路运输服务：水路运输的程租、期租业务
      - c. 航空运输服务：航空运输的湿租业务
      - d. 管道运输服务
    - ②邮政服务：邮票发行、报刊发行、邮品销售、邮政汇兑
      - 邮政储蓄按照金融服务缴纳增值税
    - ③电信服务
      - a. 基础电信服务：语音通话服务业务，以及出租或者出售带宽等业务
      - b. 增值电信服务：短信彩信、互联网接入、卫星电视信号落地转接等业务
    - ④建筑服务：工程服务、安装服务、修缮服务、装饰服务和其他建筑服务
    - ⑤金融服务：贷款服务、直接收费金融服务、保险服务和金融商品转让
    - ⑥现代服务：研发和技术服务、信息技术服务、文化创意服务、广播影视服务、租赁服务、物流辅助服务、商务辅助服务和鉴证咨询服务、其他现代服务
    - ⑦生活服务：文化体育服务、教育医疗服务、旅游娱乐服务、餐饮住宿服务、居民日常服务、其他生活服务
  - （4）销售无形资产：转让无形资产所有权或者使用权的业务活动
    - 技术、商标、著作权、商誉、自然资源使用权、其他权益性无形资产
  - （5）销售不动产：转让不动产所有权的业务活动
  - （6）进口货物
- 纳税人和扣缴义务人
  - （1）纳税人
    - 纳税人一经登记为一般纳税人后，一般不得转为小规模纳税人
    - ①小规模纳税人
      - a. 年应税销售额≤ 500 万元
      - b. 其他个人（非个体户）
      - c. 非企业性单位和不经常发生应税行为的企业可选择
    - ②一般纳税人
      - a. 年应税销售额 >500 万元
      - b. 小规模纳税人会计核算健全可申请
  - （2）扣缴义务人：境外的单位或者个人在境内销售劳务且未设机构的，买方为扣缴义务人

税法概述及货物和劳务税法律制度

增值税法律制度

- 视同销售行为、混合销售与兼营
  - （1）视同销售行为
    - ①代销行为：将货物交付其他单位或者个人代销或销售代销货物
    - ②设有两个以上机构并实行统一核算的纳税人，将货物从一个机构移送至其他机构用于销售，但相关机构设在同一县（市）的除外
    - ③将自产、委托加工的货物用于集体福利或者个人消费
    - ④将自产、委托加工的货物用于非增值税应税项目
    - ⑤将自产、委托加工或者购进的货物作为投资，提供给其他单位或者个体工商户
    - ⑥将自产、委托加工或者购进的货物分配给股东或者投资者
    - ⑦将自产、委托加工或者购进的货物无偿赠送其他单位或者个人
  - （2）混合销售：同一项（次）销售行为同时涉及货物和服务，销售货物和服务的价款同时从同一个客户收取，难以分别合理作价
  - （3）兼营：纳税人兼有销售货物、服务、无形资产和不动产等业务，这些业务不发生在同一项（次）销售活动中，收取价款来自不同的客户，款项可以分别核算
- 不征收增值税的情形
  - （1）非经营活动
    - ①政府性基金或者行政事业性收费
    - ②雇主和员工之间互相提供服务
  - （2）不属于在“境内”提供应税行为
    - ①境外单位或者个人向境内单位或者个人销售完全在境外发生的服务
    - ②境外单位或者个人向境内单位或者个人销售完全在境外使用的无形资产
    - ③境外单位或者个人向境内单位或者个人出租完全在境外使用的有形动产
  - （3）特殊项目
    - ①存款利息、被保险人获得的保险赔付
    - ②资产重组中，资产与债权、负债、劳动力一并转让的行为
    - ③无偿提供的用于公益事业的铁路运输服务、航空运输服务
    - ④房地产主管部门或者其指定机构、公积金管理中心、开发企业以及物业管理单位代收的住宅专项维修资金
- 增值税税率和征收率
  - （1）税率
    - ① 13%：销售货物、劳务、有形动产租赁服务或者进口货物，除适用 9% 及零税率的以外
    - ② 9%
      - a. 销售交通运输、邮政、基础电信、建筑及不动产租赁服务
      - b. 销售不动产、转让土地使用权
      - c. 销售或者进口
        - Ⅰ. 粮食等农产品、食用植物油、食用盐
        - Ⅱ. 自来水、暖气、冷气、热水、煤气、天然气、沼气、居民用煤炭制品
        - Ⅲ. 图书、报纸、杂志、音像制品、电子出版物
        - Ⅳ. 饲料、化肥、农药、农机、农膜
    - ③ 6%：销售服务、无形资产，除适用 9% 及零税率的情形以外
    - ④零税率：出口货物；“跨境销售”国际运输服务、航天运输服务以及完全在境外消费的服务
  - （2）征收率：仅适用于简易计税方法

= 不含税销售额 × 适用税率 − 当期进项税额

不含税销售额 = 价税合计金额（或含税收入）÷（1+ 增值税税率）

一般计税方法

- （2）销售额
  - ①一般原则
    - a. 包括价外费用及包装物租金（收取时一并计算）
    - b. 不包括“代收转付”性质的费用
    - c. 包装物押金
      - Ⅰ. 酒类（除黄酒、啤酒外）取得交
      - Ⅱ. 啤酒、黄酒、其他货物逾期（合同约定或 1 年孰早）交
  - ②视同销售的销售额（“从上至下”按顺序）
    - a. 纳税人近期同类货物的平均售价
    - b. 其他纳税人近期同类货物的平均售价
    - c. 组成计税价格
  - ③特殊销售方式的销售额
    - a. 折扣销售：销售额和折扣额在同一张发票的金额栏上分别注明的，按折扣后的销售额征收；否则按折扣前的销售额征收
    - b. 退货或折让：应开具红字专票；否则，不得扣减销项税额或者销售额
    - c. 以旧换新：金银首饰按实际收取的全部价款征收，其他货物按新货物的销售额征收
    - d. 还本销售：正常售价作销售额，不得扣减还本支出
    - e. 以物易物：以各自发出的货物核算销售额并计算销项税额，以各自收到的货物按规定核算购货额并计算进项税额
  - ④差额确定销售额的项目
    - a. 金融商品转让：销售额 = 卖出价 − 买入价
    - b. 旅游服务：允许扣除向购买方收取并支付给其他人的住宿、餐饮、交通等费用
    - c. 房地产开发企业销售其开发的不动产：允许扣除受让土地时向政府部门支付的土地价款
    - d. 建筑服务适用简易计税方法：允许扣除支付的分包款
- （3）进项税额
  - ①准予抵扣的进项税额
    - a. 凭“票”抵：凭增值税专用发票、海关进口增值税专用缴款书等符合规定的各类发票抵扣
    - b. 国内旅客运输服务
      - Ⅰ. 取得普票，凭票抵
      - Ⅱ. 取得行程单，进项税额 =（票价 + 燃油附加费）÷（1+9%）× 9%
      - Ⅲ. 取得注明信息的铁路车票，进项税额 = 票面金额 ÷（1+9%）× 9%
    - c. 农产品
      - Ⅰ. 从一般纳税人处购进或进口的，凭票抵
      - Ⅱ. 其他情形：允许抵扣的进项税额 = 买价 × 扣除率（一般为 9%，购进用于生产 13% 税率的货物时为 10%）

税法概述及货物和劳务税法律制度

- 一般计税方法
  - (3) 进项税额
    - ②不得抵扣的进项税额
      - a. 用于简易计税方法计税项目、免税项目、集体福利或者个人消费（含交际应酬）的
      - b. 购进的货物、劳务、服务兼用的部分不可抵扣，不得抵扣的进项税额 = 当期无法划分的全部进项税额 × （当期简易计税方法计税项目销售额 + 免征增值税项目销售额） ÷ 当期全部销售额
      - c. 非正常损失的购进货物，以及相关的劳务和交通运输服务
      - d. 非正常损失的在产品、产成品所耗用的购进货物（不含固定资产）、劳务和交通运输服务
      - e. 非正常损失的不动产、不动产在建工程，以及该不动产或在建工程所耗用的购进货物、设计服务和建筑服务
      - f. 购进的贷款服务、餐饮服务、居民日常服务和娱乐服务
    - ③进项税额的转出
      - a. 购进货物、劳务或服务：已知进项税额的将税额直接转出；无法确定的按不含税实际成本计算转出
      - b. 购进固定资产、无形资产、不动产：不得抵扣的进项税额 = 资产净值 × 适用税率
    - ④进项税额的留抵：上期未抵完的进项税额可结转至下一期继续抵
- 简易计税方法
  - (1) 适用范围
    - ①小规模纳税人发生应税销售行为
    - ②对于一般纳税人特定应税行为，可选用，一经选择，36 个月内不得变更
  - (2) 征收率
    - ①一般纳税人适用于简易计税方法的一般项目，如公共交通运输服务、电影放映服务、仓储服务、装卸搬运服务、收派服务和文化体育服务
    - ②小规模纳税人的一般情形
      - 3%
    - ③一般纳税人和小规模纳税人适用于简易计税方法的“卖房、租房”
    - ④一般纳税人和小规模纳税人提供“劳务派遣”服务选择按差额征税的
    - ⑤住房租赁企业中的一般纳税人向个人出租住房，可以选择简易计税方法，按照 5% 的征收率减按 1.5% 计算缴纳增值税
      - 5%
    - ⑥二手车经销商销售其收购的二手车（一般纳税人、小规模纳税人均适用）
      - 0.5%
    - ⑦一般纳税人销售自己使用过的不得抵扣且未抵扣进项税额的固定资产
    - ⑧小规模纳税人销售自己使用过的固定资产
      - 3% 减按 2%，可放弃减征按 3% 开专票
    - ⑨纳税人销售旧货（一般纳税人、小规模纳税人均适用）
      - 3% 减按 2%
  - (3) 应纳税额的计算：应纳税额 = （不含税）销售额 × 征收率 = 含税销售额 ÷ （1+ 征收率） × 征收率
- 进口环节组成计税价格
  - (1) 不征收消费税的货物：关税计税价格 + 关税

- **增值税法律制度**
  - 出口退税
    - (1) 适用范围
      - ②生产企业和外贸企业直接对外提供适用于零税率的应税服务（免抵退税）
      - ③（不具备生产能力的）外贸企业出口货物、劳务
      - ④外贸企业将外购的服务或无形资产出口
      - （③④：免退税）
    - (2) 出口退税率：一般货物设 5 档退税率（13%、10%、9%、6%、零税率）
  - 税收优惠
    - (1) 销售、进口货物免税项目
      - ①农业生产者销售的自产农产品
      - ②古旧图书
      - ③直接用于科学研究、科学试验和教学的进口仪器、设备
      - ④外国政府、国际组织无偿援助的进口物资和设备
      - ⑤由残疾人组织直接进口供残疾人专用的物品
      - ⑥销售其他个人自己使用过的物品
    - (2) “营改增”免税项目
      - ①托儿所、幼儿园提供的保育和教育服务
      - ②养老机构提供的养老服务
      - ③从事学历教育的学校（不包括职业培训机构）提供的教育服务
      - ④残疾人福利机构提供的育养服务；残疾人员本人为社会提供的服务
      - ⑤纪念馆、博物馆等在自己的场所提供文化体育服务取得的第一道门票收入
      - ⑥金融同业往来利息收入
      - ⑦个人转让著作权
      - ⑧个人销售自建自用住房
  - 征收管理
    - (1) 纳税义务发生时间
      - ①销售行为：收讫销售款项或者取得索取销售款项凭据的当天；先开具发票的，为开具发票的当天
      - ②进口货物：报关进口的当天
      - ③扣缴义务：纳税义务发生的当天
    - (2) 纳税期限
      - ① 1 日、3 日、5 日、10 日、15 日、1 个月或 1 个季度 + 按次纳税
      - ②申报、纳税时间：自期满之日起 15 日内
      - ③小规模纳税人、银行、财务公司、信托投资公司、信用社以 1 个季度为纳税期限
    - (3) 纳税地点
      - ①固定户为机构所在地；非固定户为销售地或劳务发生地；其他个人转让不动产为不动产所在地、提供建筑服务为服务发生地
      - ②进口：报关地海关

税法概述及货物和劳务税法律制度

增值税法律制度

专用发票使用规定

- （1）专用发票的联次：发票联、抵扣联、记账联
- （2）不得开具专票的情形
  - ①商业企业零售消费品的（不含劳保专用部分）
  - ②应税销售行为的购买方为消费者个人的
  - ③发生应税销售行为适用免税规定的
  - ④金融商品转让；提供经纪代理服务向委托方收取的政府性基金或事业性收费；提供旅游服务选择差额计算销售额的
- （3）全面数字化电子发票
  - ①数字化的电子发票法律效力、基本用途与现有纸质发票相同
  - ②数字化的电子发票无联次，由省（区、市）税务局监制

税目

- （1）烟：卷烟、雪茄烟、烟丝、电子烟（不含烟叶）
- （2）酒：白酒、黄酒、啤酒和其他酒；不含调味料酒和酒精
- （3）高尔夫球及球具：不含高尔夫球服装和球帽
- （4）高档手表
- （5）高档化妆品：高档美容、修饰类化妆品，高档护肤类化妆品和成套化妆品；不含演员用的油彩、上妆油、卸妆油
- （6）贵重首饰及珠宝玉石：金银首饰、铂金首饰和钻石及钻石饰品；其他贵重首饰和珠宝玉石；宝石坯（珠宝玉石半成品）
- （7）小汽车：乘用车、中轻型商用客车、超豪华小汽车
- （8）摩托车
- （9）游艇
- （10）鞭炮和焰火：不含体育上用的发令纸、鞭炮药引线
- （11）成品油：汽油、柴油、石脑油、溶剂油、航空煤油、润滑油、燃料油
- （12）木制一次性筷子
- （13）实木地板
- （14）涂料
- （15）电池
  - ①征收：铅蓄电池
  - ②免征：无汞原电池、金属氢化物镍蓄电池、锂原电池、锂离子蓄电池、太阳能电池、燃料电池和全钒液流电池

征税环节

- （1）“源头”交：生产、进口、委托加工环节缴纳
- （2）自产自用：用于连续生产应税消费品，内部移送时不纳税，最终生产出的应税消费品对外出售时纳税；其他情形，移交时纳税
- （3）“加征”
  - ①卷烟：生产（进口）环节 + 批发环节（仅指批发企业向零售企业销售）
  - ②超豪华小汽车：生产（进口）环节 + 零售环节
- （4）仅零售环节
  - ①适用于“金银铂钻”首饰
  - ②既销售金银首饰又销售其他首饰时分别核算，否则从高征收

计税方法

- （1）从价计税，比例税率：绝大多数应税消费品
- （2）从量计税，定额税率：黄酒、啤酒、成品油

消费税法律制度

- 应纳税额的计算
  - （1）一般情形
    - a. 从价：应纳税额 = 销售额 × 比例税率
    - b. 从量：应纳税额 = 应税消费品的销售数量 × 定额税率（单位税额）
    - c. 复合：应纳税额 = 从价 + 从量
    - ②包装物的租金与押金
      - a. 租金计入消费税销售额，连同应税商品一同销售的包装物计入消费税销售额
      - b. 一般货物的包装物押金逾期时纳税；除啤酒和黄酒外的其他酒类为取得时纳税
    - ③特殊规定
      - a. 自产消费品用于换取物资、投资、抵债以同类最高售价作为计税依据
      - b. 通过自设非独立核算门市部销售，应当按照门市部对外销售额或者数量征收消费税
      - c. 以旧换新：金银首饰按实际收取金额，其他按新货物销售额
      - d. 成套销售
        - Ⅰ. 金银首饰与其他成套销售的，全额征税
        - Ⅱ. 不同税率的应税消费品成套消费品销售的，全额从高适用税率
  - （2）自产自用
    - ①销售额：只看自己，不看同行；有同类按同类，无同类按组成
    - ②应纳税额
      - a. 从价：应纳税额 =（成本 + 利润）÷（1 − 比例税率）× 比例税率
      - b. 复合：应纳税额 =（成本 + 利润 + 自产自用数量 × 定额税率）÷（1 − 比例税率）× 比例税率 + 自产自用数量 × 定额税率
  - （3）进口（变）
    - ①原则：直接按组成计税价格计算
    - ②从价：应纳税额 =（关税计税价格 + 关税）÷（1 − 比例税率）× 比例税率
    - ③复合：应纳税额 =（关税计税价格 + 关税 + 进口数量 × 定额税率）÷（1 − 比例税率）× 比例税率 + 进口数量 × 定额税率
  - （4）委托加工
    - ①纳税环节
      - a. 个人（含个体工商户）：委托方收回时纳税
      - b. 单位：受托方纳税
    - ②计税依据
      - a. 按受托方的同类消费品的售价计算纳税
      - b. 无同类消费品售价的，按组价
        - Ⅰ. 从价：应纳税额 =（材料成本 + 加工费）÷（1 − 比例税率）× 比例税率
        - Ⅱ. 从量：按收回的数量计征
        - Ⅲ. 复合：应纳税额 =（材料成本 + 加工费 + 委托加工数量 × 定额税率）÷（1 − 比例税率）× 比例税率 + 委托加工数量 × 定额税率
    - ③收回后的扣除和缴纳
      - a. 用于连续生产应税消费品：所纳的消费税税款准予抵扣
      - b. 不加价直接出售：不再缴纳消费税
      - c. 加价出售：按规定申报缴纳消费税，计税时准予扣除受托方已代收代缴的消费税

税法概述及货物和劳务税法律制度

消费税法律制度

- 征收管理
  - (1) 纳税义务发生时间
    - ①一般：同增值税
    - ②委托加工：纳税人提货时
  - (2) 纳税地点
    - ①一般：同增值税
    - ②委托加工：受托方为个人（含个体工商户）时，由委托方向机构所在地缴纳；受托方非个人时，由受托方向机构所在地或居住地缴纳

城市维护建设税（以下简称城建税）、教育费附加和地方教育附加法律制度

- 纳税义务人：在我国境内缴纳增值税、消费税的单位和个人
- 税率（若有代扣代缴，则适用受托方所在地税率）
  - (1) 城建税：市区为 7%；县城和镇为 5%；其他为 1%
  - (2) 教育费附加：征收比率为 3%
  - (3) 地方教育附加：征收比率为 2%
- 计算公式：应纳税额 = 计税依据 × 税率或征收比率
- 计税依据
  - (1) 包含实际缴纳的增值税、消费税税额
  - (2) 不含
    - ①进口货物、从境外购进劳务、服务、无形资产缴纳的增值税、消费税
    - ②依法直接减免的增值税、消费税
    - ③期末留抵退税退还的增值税税额允许扣除
- 纳税义务发生时间：与增值税、消费税纳税义务发生时间一致，同时缴纳

车辆购置税法律制度

- 征税范围：汽车、有轨电车、汽车挂车、排气量超过 150 毫升的摩托车
- 纳税人：在我国境内购置应税车辆的单位和个人（购置：指以购买、进口、自产、受赠、获奖或者其他方式取得并自用）
- 应纳税额的计算
  - (1) 应纳税额 = 计税依据 × 10%（税率）
  - (2) 计税依据
    - ①购买自用：发票中的不含税价格
    - ②进口自用：进口环节组成计税价格（关税计税价格 + 关税 + 消费税）
    - ③自产自用：有同类按同类，无同类按组价（成本 ×（1+ 成本利润率））
    - ④以受赠、获奖或其他方式取得自用：有凭证的按凭证，无凭证的按同类平均售价，最后可以按组价
- 税收优惠（免税）
  - (1) 外国驻华使馆、领事馆和国际组织驻华机构及其有关人员自用的车辆
  - (2) 军队、武警列入装备订货计划的车辆
  - (3) 悬挂应急救援专用号牌的国家综合性消防救援车辆
  - (4) 设有固定装置的非运输专用作业车辆
  - (5) 城市公交企业购置的公共汽电车辆

- 征收管理
  - (1) 纳税义务发生时间：购置应税车辆当日
  - (2) 纳税期限：纳税义务发生之日起 60 日内；注册登记前
  - (3) 纳税地点：需要登记为车辆登记地；不需登记为纳税人所在地
  - (4) 退税
    - ①范围：将已税车辆退回生产或销售企业
    - ②退税额：以已缴税款为基准，自缴纳税款之日至申请退税之日，每满 1 年扣减 10%

关税（变）

- 征税范围：进出国境或关境的货物、物品
- 纳税人
  - (1) 进出口货物的收货人、发货人
  - (2) 进境物品的携带人或者收件人
- 进口关税的计算
  - (1) 计税规则
    - ①从价：关税计税价格 × 比例税率
    - ②从量：货物数量 × 定额税率
    - ③复合：计税价格 × 比例税率 + 货物数量 × 定额税率
  - (2) 计税价格
    - ①应计入计税价格
      - a. 由买方负担的购货佣金以外的佣金和经纪费
      - b. 由买方负担的与该货物视为一体的容器的费用
      - c. 由买方负担的包装材料费用和包装劳务费用
      - d. 与该货物的生产和向我国境内销售有关的，由买方以免费或者以低于成本的方式提供并可以按适当比例分摊的料件、工具、模具、消耗材料及类似货物的价款，以及在我国境外开发、设计等相关服务的费用
      - e. 作为该货物向我国境内销售的条件，买方必须支付的、与该货物有关的特许权使用费
      - f. 卖方直接或者间接从买方获得的该货物进口后转售、处置或者使用的收益
    - ②不计入计税价格
      - a. 厂房、机械、设备等货物进口后进行建设、安装、装配、维修和技术服务的费用，但保修费用除外
      - b. 进口货物运抵中华人民共和国境内输入地点起卸后的运输及其相关费用、保险费
      - c. 进口关税及国内税收

关税 变

进口关税的计算

（3）税率

- ①最惠国税率：原产于共同适用最惠国条款的世贸组织成员、与我国缔结或者共同参加最惠国待遇双边协定的国家或者地区、原产于我国境内
- ②协定税率：原产于与我国缔结或者共同参加含有关税优惠条款的国际条约、协定的国家或者地区且符合国际条约、协定有关规定的
- ③特惠税率：原产于我国给予“特殊关税优惠条款”的国家或者地区且符合国家原产地管理规定的
- ④普通税率：原产于除适用最惠国税率、协定税率、特惠税率国家或者地区以外的国家或者地区的；原产地不明的进口货物
- ⑤关税配额税率：配额与税率结合，配额内税率较低，配额外税率较高
- ⑥进口暂定税率：适用最惠国税率、协定税率、特惠税率、关税配额税率的进口货物在一定期限内可以实行暂定税率
- ⑦出口税率：出口商品

税收优惠

（1）免征项目

- ①国务院规定的免征额度内的一票货物
- ②无商业价值的广告品及货样
- ③国际组织、外国政府无偿赠送的物资
- ④进出境运输工具装载的途中必需的燃料、物料和饮食
- ⑤我国缔结或者共同参加的国际条约、协定规定免征关税的货物、进境物品

（2）减征项目

- ①在海关放行前遭受损坏的货物、进境物品
- ②我国缔结或者共同参加的国际条约、协定规定减征关税的货物、进境物品

纳税期限

进出口货物的纳税人、扣缴义务人应当自完成申报之日起 15 日内缴纳税款

笔记区

所得税法律制度

企业所得税法律制度

- 纳税人
  - （1）居民企业：境内成立或依照外国（地区）法律成立但实际管理机构在境内
  - （2）非居民企业：在其他国家成立且管理机构不在境内，但在境内设有机构，或未设机构但有境内所得
  - 一人有限责任公司属于，个体工商户、个人独资企业和合伙企业均不属于
- 应纳税所得额
  - （1）“间接法”：从会计利润出发，对差异项目进行纳税调整
  - （2）“直接法”：应纳税所得额 = 收入总额 − 不征税收入 − 免税收入 − 各项扣除 − 以前年度亏损
- 收入
  - （1）分类
    - ①收入总额：应税收入、不征税收入及免税收入
    - ②有折扣的收入额
      - a. 商业折扣：折扣后
      - b. 现金折扣：折扣前
      - c. 销售折让及销售退回：发生当期冲减当期收入
      - d. 买一赠一：各商品中分摊
    - ③不征税收入
      - a. 财政拨款
      - b. 专项用途财政资金
      - c. 行政事业性收费、政府性基金
      - d. 社保基金取得的收益
  - （2）确认时点
    - ①销售货物：一般同增值税，需要安装、检验的，为安装、检验完毕时
    - ②提供劳务：期末用完工百分比法确认
    - ③股息、红利等权益性投资：作出利润分配决定时
    - ④分期收款
    - ⑤利息收入、租金收入
    - ⑥特许权使用费
    - （④⑤⑥：合同约定应付时）
    - ⑦接受捐赠：实际收到捐赠资产时
- （1）限额扣除类
  - ①职工福利费：14%
  - ②职工教育经费：8%；超过部分可在以后年度结转扣除
  - ③工会经费：2%
  - （①②③：以实发工资、薪金总额为基数）
  - ④业务招待费：发生额的 60% 与销售收入的 5‰孰低
  - ⑤广告费及业务宣传费
    - a. 一般：当年销售收入的 15%
    - b. 化妆品制造或销售、医药和饮料（不含酒）制造企业：当年销售收入的 30%
    - （a、b：超过部分可在以后年度结转扣除）
    - c. 筹建中的企业：据实扣除

⑥公益捐赠

- a. 一般：不超过当年利润总额的 12%；超过部分，结转以后 3 年内扣除
- b. 直接捐赠不可扣除
- c. 符合条件的目标脱贫地区的扶贫捐赠支出全额据实扣除

扣除项目

(2) 据实扣除类

- ①工资、薪金支出，劳动保护费
- ②四险一金等责任保险保费
- ③不超过工资、薪金总额 5% 的补充养老保险和补充医疗保险
- ④不超过同期同类贷款利率的向非金融企业借款的利息支出

（③④：超过部分不准扣除）

- ⑤向金融企业借款的利息支出
- ⑥发行债券的利息支出、金融企业各项存款利息支出和同业拆借利息支出
- ⑦租金：经营租赁的按租赁期均匀扣除；融资租赁的按折旧分期扣除
- ⑧不可抗力、民事责任和经营活动中的各类损失

(3) 不得扣除类

- ①企业所得税款、向投资者支付的股息等权益性投资收益款项
- ②税收滞纳金、罚金和罚款等
- ③超标的捐赠支出和未经核定的准备金支出
- ④非银行企业内营业机构间支付的利息；企业内营业机构间支付的租金和特许权使用费；企业间支付的管理费

(4) 资产类 — ①固定资产、无形资产、生产性生物资产

- a. 不可扣除折旧和摊销的
  - Ⅰ. 未投入使用的（除房屋、建筑物以外）
  - Ⅱ. 已足额提取折旧仍继续使用的
  - Ⅲ. 经营租赁租入、融资租赁租出的
  - Ⅳ. 与经营活动无关的
  - Ⅴ. 自行开发的支出已在计算应纳税所得额时扣除的
  - Ⅵ. 单独估价作为固定资产入账的土地
  - Ⅶ. 自创商誉
- b. 计税基础
  - Ⅰ. 外购：价款 + 税费 + 达到预定用途发生的其他支出
  - Ⅱ. 自行建造：竣工结算前发生的支出
  - Ⅲ. 自行开发：符合资本化条件后至达到预定用途前发生的支出
  - Ⅳ. 盘盈：同类资产重置价值

所得税法律制度

企业所得税法律制度

- 扣除项目
  - (4) 资产类
    - ①固定资产、无形资产、生产性生物资产
      - c. 最低折旧 / 摊销年限
        - Ⅰ .20 年：房屋、建筑物
        - Ⅱ .10 年：无形资产、飞机、火车、轮船、机器设备等
        - Ⅲ .5 年：与生产经营活动有关的工具、家具等
        - Ⅳ .4 年：飞机、火车、轮船以外的运输工具
        - Ⅴ .3 年：电子设备
    - ②长期待摊费用
      - a. 已足额提取折旧的固定资产的改建支出
      - b. 租入固定资产的改建支出
      - c. 固定资产的大修理支出
- 亏损弥补
  - (1) 可弥补亏损年限
    - ①一般企业：5 年
    - ② 高新技术企业或科技型中小企业：具备资格年度之前 5 个年度的亏损，结转年限延长至 10 年
  - (2) 境外机构的亏损不得抵减境内营业机构的盈利
- 税收优惠
  - (1) 收入类
    - ①非营利组织非营利性活动取得的收入免税
    - ②国债利息免税，国债转让收入正常纳税
    - ③居民企业或在境内设机构的非居民企业从居民企业取得的股息、红利免税（不含连续持有上市公司的股票不足 12 个月取得的股息、红利）
    - ④基础研究资金收入：自 2022 年 1 月 1 日起，对非营利性科研机构、高等学校接收企业、个人和其他组织机构基础研究资金收入免税
    - ⑤保险保障基金收入：2027 年 12 月 31 日前，中国保险保障基金有限责任公司取得的特定收入免税
  - (2) 所得类
    - ①花卉、茶；海水养殖、内陆养殖，减半征收
    - ②其他农林牧渔项目，免征
    - ③技术转让所得≤ 500 万元部分免征，超过部分减半征收
    - ④集成电路设计企业和软件企业：自获利年度起，第 1 ~ 2 年免征，第 3 ~ 5 年减半征收（两免三减半）
    - ⑤公共基础设施项目和环境保护、节能节水项目：自取得第一笔收入起，第 1 ~ 3 年免征，第 4 ~ 6 年减半征收（三免三减半）
    - ⑥经营性文化事业单位转制：自转制之日起 5 年内免征
    - ⑦生产和装配伤残人员专门用品的居民企业免征
    - （不适用烟草制造业、住宿和餐饮业、批发和零售业、房地产业、租赁和商务服务业、娱乐业）
    - ⑧研发费用加计扣除：一般企业计入当期损益的，100% 加计扣除；形成无形资产的，按无形资产成本的 200% 摊销扣除；符合条件的集成电路企业和工业母机企业计入当期损益的，在据实扣除的基础上，再按照实际发生额的 120% 税前扣除；形成无形资产的，按照无形资产成本的 220% 税前摊销
    - ⑨安置残疾人工资：100% 加计扣除
    - ⑩ 2018 年 1 月 1 日起购进除房屋建筑物外单位价值不超过 500 万元的设备、器具，准予一次性扣除

(3) 税额类

- ①购进并自用环境保护、节能节水、安全生产等相关的设备，按投资额的 10% 抵免；当年不够的 5 年内结转抵免
- ②专用设备数字化、智能化改造企业在 2024 年 1 月 1 日至 2027 年 12 月 31 日期间发生的专用设备数字化、智能化改造投入，不超过该专用设备购置时原计税基础 50% 的部分，可按照 10% 比例抵免企业当年应纳税额。企业当年应纳税额不足抵免的，可以向以后年度结转，结转年限最长不超过 5 年 新

(4) 税率类

- ① 25%：居民企业境内外所得 + 在境内设机构的非居民企业取得与机构有实际联系的所得 源泉扣缴
- ② 20%减按 10%：设机构的非居民企业取得与机构无实际联系或未设机构非居民企业的所得
- ③ 20%：小型微利企业年应纳税所得额减按 25% 先打折再按 20%
- ④ 15%：高新技术企业、技术先进型服务企业；西部大开发鼓励类企业；从事污染防治的第三方企业 变

征收管理

(1) 纳税申报时间

- ①分月（季）预缴的，次月（季）之日起 15 日内
- ②年终汇算清缴的，次年 5 月 31 日前
- ③年度中间终止经营活动的，实际经营终止之日起 60 日内

(2) 纳税年度：公历 1 月 1 日至 12 月 31 日

(3) 纳税地点

- ①居民企业：境内登记注册的为登记注册地；境外登记注册的为实际管理机构所在地
- ②非居民企业：设机构的为机构所在地；未设机构或所得与机构无实际联系的为扣缴义务人所在地

源泉扣缴

(1) 应纳所得税额 = 应纳税所得额 × 10%

(2) 转让财产所得应纳税所得额 = 收入全额 − 财产净值

(3) 其他应纳税所得额 = 收入全额

个人所得税法律制度

纳税人

(1) 范围：中国公民、个体工商户、个人独资企业投资者和合伙企业的自然人合伙人等

(2) 分类

- ①居民个人：境内有住所或无住所但 1 个纳税年度在境内居住累计满 183 天
- ②非居民个人：在境内无住所且 1 个纳税年度在境内居住不满 183 天或不在境内居住

征税对象

居民个人的境内外所得和非居民个人来源于境内的所得

不含独生子女补贴、托儿补助费；差旅费津贴

综合所得

(1) 范围

- ①工资、薪金所得：工资、奖金、年终加薪、劳动分红、津贴等
- ②劳务报酬所得：个人兼职、演员走穴、保险营销员和证券经纪人佣金
- ③稿酬所得：个人因其作品以图书、报刊形式出版、发表而取得的所得
- ④特许权使用费所得：个人提供专利权、著作权、非专利技术等取得的所得

不含稿酬所得

所得税法律制度

个人所得税法律制度

综合所得

- (2) 计算方式
  - ①预扣预缴：工资、薪金所得用“累计预扣法”按月预扣；劳务报酬所得、稿酬所得、特许权使用费所得按次或者按月预扣预缴
  - ②汇算清缴：次年 3 月 1 日至 6 月 30 日办理综合所得年度汇算清缴，税款多退少补
- (3) 全年应纳税额的计算
  - ①应纳税额 = 应纳税所得额 × 适用税率 − 速算扣除数
    - 应纳税所得额 = 收入额 − 费用 6 万元 − 专项扣除 − 专项附加扣除 − 依法确定的其他扣除
  - ②收入额
    - a. 工资、薪金所得：全额计入
    - b. 劳务报酬所得和特许权使用费所得：收入 ×（1−20%）计入
    - c. 稿酬所得：收入 ×（1−20%）×70% 计入
  - ③扣除项目
    - a. 费用：6 万元
    - b. 专项扣除：三险一金
    - c. 专项附加扣除
      - Ⅰ.3 岁以下婴幼儿照护：2 000 元 / 子女 / 月
      - Ⅱ. 子女教育：2 000 元 / 子女 / 月
        - （Ⅰ、Ⅱ）可一方扣 100%，也可分别扣 50%
      - Ⅲ. 继续教育
        - 范围及标准：境内学历继续教育 400 元 / 人 / 月；职业资格继续教育取得证书当年 3 600 元
        - 方式：一般由本人扣除，本科及以下学历继续教育可选择父母或本人扣除
      - Ⅳ. 大病医疗
        - 范围及限额：超过 1.5 万元的部分在 8 万元限额内据实扣除
        - 方式：自己发生的由本人或配偶扣除；未成年子女发生的可选择父母一方扣除
      - Ⅴ. 住房贷款利息：1 000 元 / 月，不超过 240 个月；经约定由一方扣除
      - Ⅵ. 住房租金
        - 标准：1 500 元 / 月、1 100 元 / 月、800 元 / 月
        - 方式：夫妻双方工作城市相同的选一方扣除
        - （Ⅴ、Ⅵ）择一享受
      - Ⅶ. 赡养老人：有年满 60 岁的父母，独生子女 3 000 元 / 月；非独生子女可约定分摊，每人不超过 1 500 元 / 月
    - d. 依法确定的其他扣除
      - Ⅰ. 个人缴付符合规定的企业年金、职业年金
      - Ⅱ. 个人购买符合国家规定的商业健康保险的支出等
        - 扣除限额：2 400 元 / 年
  - ④税率：七级超额累进税率
    - 已知条件

- (4) 预扣预缴金额的计算
  - ①累计预扣法（适用工资、薪金所得）
    - a. 计算公式：截至本月末累计预扣预缴应纳税所得额 = 累计收入 − 累计免税收入 − 累计减除费用 − 累计专项扣除 − 累计专项附加扣除 − 累计依法确定的其他扣除
      累计减除费用 =5 000 元 / 月 × 截至本月在本单位的任职受雇月份数
      本期预扣预缴税额 =（累计预扣预缴应纳税所得额 × 预扣率 − 速算扣除数）− 累计已预扣预缴税额
    - b. 本年首次取得工资薪金的居民个人，预扣预缴时直接按照截至本月的累计月份数计算生计费
    - c. 上年收入不足 6 万元的个人，累计减除费用从 1 月开始直接按 6 万元计算
  - ②其他所得预扣预缴税额的计算（适用劳务报酬所得、特许权使用费所得、稿酬所得）
    - a. 劳务报酬所得
      - Ⅰ. 每次收入 ≤ 4 000 元：应预扣预缴税额 =（每次收入 −800）× 预扣率 − 速算扣除数
      - Ⅱ. 每次收入 > 4 000 元：应预扣预缴税额 = 每次收入 ×（1−20%）× 预扣率 − 速算扣除数
    - b. 特许权使用费所得
      - Ⅰ. 每次收入 ≤ 4 000 元：应预扣预缴税额 =（每次收入 −800）×20%
      - Ⅱ. 每次收入 > 4 000 元：应预扣预缴税额 = 每次收入 ×（1−20%）×20%
    - c. 稿酬所得
      - Ⅰ. 每次收入 ≤ 4 000 元：应预扣预缴税额 =（每次收入 −800）× 70% × 20%
      - Ⅱ. 每次收入 > 4 000 元：应预扣预缴税额 = 每次收入 ×（1−20%）× 70% × 20%

笔记区

所得税法律制度

经营所得

- (1) 范围
  - ①个体工商户从事生产、经营活动取得的所得
  - ②境内注册的个人独资企业、合伙企业的个人合伙人取得的生产、经营所得
  - ③个人依法从事医疗、咨询等有偿服务活动或对企事业单位承包经营、转租等取得的所得
- (2) 应纳税所得额
  - ①查账征收：应纳税所得额 = 收入总额 − 成本 − 费用 − 损失 − 亏损弥补
  - ②核定征收：从事生产、经营活动，未提供完整、准确的纳税资料，不能正确计算应纳税所得额的
- (3) 个体工商户应纳税额的计算
  - ①不得扣除的项目
    - a. 业主本人的薪金、个人所得税税款
    - b. 代替从业人员负担的税款
    - c. 仅用于个人和家庭的支出
    - d. 与取得生产经营收入无关的其他支出
  - ②每个纳税年度应纳税额 = 应纳税所得额 × 适用税率 − 速算扣除数
  - ③特别优惠：自 2023 年 1 月 1 日起，年应纳税所得额不超过 200 万元的部分，再减半征收

财产转让所得

- (1) 具体项目
  - ①转让股权所得
    - a. 转让新三板挂牌公司原始股、限售股、非上市公司股权，征税
    - b. 转让上市公司流通股，暂不征税
  - ②其他所得
    - a. 以招标、竞拍或其他方式购置债权后，通过司法程序主张债权而取得的所得
    - b. 个人收购网络虚拟货币，加价后向他人出售的所得
    - c. 以非货币性资产投资，属于个人转让非货币性资产和投资同时发生，对个人转让非货币性资产的所得
- (2) 应纳税额 = 应纳税所得额 ×20%；应纳税所得额 = 转让财产的收入额 − 财产原值 − 合理费用

利息、股息、红利所得

- (1) 范围：个人拥有债权、股权而取得的利息、股息、红利所得
- (2) 应纳税额 = 应纳税所得额 ×20%= 每次收入额 ×20%
- (3) 税收优惠
  - ①国债、国家发行的金融债券利息（免税）
  - ②储蓄存款利息所得（免税）
  - ③持股超过 1 年的股票分得的股息红利（免税）
  - ④持股期限超过一个月但没超过 1 年的股票分得的股息红利，减半征收

财产租赁所得

- (1) 范围
  - ①出租不动产、机器设备、车船以及其他财产取得的所得
  - ②房屋转租收入
  - ③房地产开发企业以优惠价格出售，购买者在一定期限内必须无偿提供给房地产开发企业对外出租使用。对购买者个人少支出的购房价款，应视同个人财产租赁所得
- (2) 应纳税额的计算
  - ①每月收入 < 4 000 元：应纳税额 = [收入额 − 税费 − 修缮费用（800 元为限）−800] × 税率
  - ②每月收入 ≥ 4 000 元：应纳税额 = [收入额 − 税费 − 修缮费用（800 元为限）] × (1−20%) × 税率

个人所得税法律制度

- 偶然所得
  - (1) 促销活动
    - 征税
      - ①对消费达到一定额度的顾客，给予额外抽奖机会，个人的获奖所得
      - ②企业在业务宣传及各类年会等活动中，随机向本单位以外的个人赠送礼品
    - 不征税
      - ③企业通过价格折扣、折让方式向个人销售商品和提供服务
      - ④企业向个人销售商品和提供服务的同时给予赠品
      - ⑤对累积消费达到一定额度的个人按消费积分反馈的礼品
  - (2) 中奖所得
    - ①福利彩票、体育彩票一次中奖收入不超过 1 万元的免税，超过的全额征收
    - ②单张有奖发票奖金所得不超过 800 元的免税，超过的全额征收
- 税收优惠（免税项目）
  - 常考概念题
    - (1) “省部级 + 国际官方奖金”
    - (2) 政府特殊津贴、院士津贴
    - (3) 福利费、抚恤金、退休金等
    - (4) 个人提存个人账户的五险一金
    - (5) 军人的转业费、复员费、退役金
    - (6) 外交代表、领事官员和其他人员的所得
    - (7) 保险赔款、工伤保险待遇
    - (8) 一次性安置费收入、拆迁补偿款
  - 常考计算题
    - (9) 利息：国债、国家金融债券利息；储蓄存款利息
    - (10) 股息：持有期间＞ 1 年的上市公司股票股息所得
    - (11) 转让股权：个人在上交所、深交所转让上市公司股票所得；转让新三板挂牌公司非原始股所得，以及内地个人投资者通过沪港通、深港通转让香港上市股票所得和通过基金互认转让香港基金份额所得
    - (12) “满五唯一”：个人转让自用 5 年以上、唯一家庭生活用房取得的所得
    - (13) 受赠房屋：直系亲属受赠房屋、继承人继承房屋
- 征收管理
  - (1) 代扣代缴
    - ①扣缴义务人每月或者每次预扣、代扣的税款，应当在次月 15 日内缴入国库
    - ②对扣缴义务人所扣缴的税款，税务机关给付 2% 的手续费
  - (2) 需要汇算清缴情形
    - ① “多处赚钱”：在两处或者两处以上取得综合所得，且综合所得年收入额减去专项扣除后的余额超过 6 万元
    - ② “有副业所得”：取得劳务报酬所得、稿酬所得、特许权使用费所得中一项或者多项所得，且综合所得年收入额减去专项扣除后的余额超过 6 万元
    - ③纳税年度内预缴税额低于应纳税额，需要补税
    - ④纳税人申请退税

财产和行为税法律制度

房产税

- 征税范围
  - （1）包括城市、县城、建制镇和工矿区的房屋
  - （2）不包括农村的房屋和独立于房屋之外的建筑物
- 纳税人
  - （1）原则：谁支配、谁受益，谁交税
  - （2）范围：产权所有人、承典人、房产代管人或者使用人
- 应纳税额的计算
  - （1）从价计征
    - ①应纳税额 = 应税房产原值（不减折旧、含附属设备及改扩建支出）×（1－扣除比例）（一般为 10% 至 30%）×1.2% × 应交月份数 /12
    - ②融资租赁租入资产由承租人从价计征缴纳
  - （2）从租计征
    - ①应纳税额 = 租金收入（不含增值税）×12%
    - ②个人出租住房，不区分用途，税率为 4%
    - ③企事业单位、社会团体以及其他组织向个人或住房租赁企业出租住房，减按 4% 计算缴纳房产税
  - （3）从价 + 从租：一年中既有自用又有出租，分开计算再相加
- 税收优惠
  - （1）免税
    - 非经营性自用：
      - ①国家机关、人民团体、军队自用的
      - ②“科教文卫”相关“事业单位”自有，且在本身业务范围内使用的
      - ③非营利性医疗、疾控、卫生机构自用的
      - ④老年服务机构自用的
      - ⑤宗教寺庙、公园、名胜古迹自用的
    - 居民自住、廉租公租：
      - ⑥公租房、廉租房租金
      - ⑦居民住房
    - “毁危临修”：
      - ⑧毁损房屋、危房，停用后
      - ⑨大修停用半年房，大修期间
      - ⑩工地临时用房
  - （2）分别征或免征：纳税单位与免税单位共同使用的，按各自使用的部分分别征收或免征房产税
  - （3）特殊情况
    - ①免税单位附设的“经营用房”不免税
    - ②个人拥有的营业用房或者出租的房产不免税
- 征收管理
  - （1）纳税义务发生时间：原有房产用于生产经营时，当月起缴纳；其余均为次月起缴纳
  - （2）纳税地点：房产所在地

城镇土地使用税

- **征税范围**：城市、县城、建制镇、工矿区范围内的土地
- **纳税人**
  - (1) 原则：谁使用，谁交税
  - (2) 具体情形
    - ①纳税人不在土地所在地：代管人或实际使用人缴纳
    - ②土地使用权未确定或权属纠纷未解决：实际使用人缴纳
    - ③土地使用权共有：以实际使用面积分摊缴纳
- **应纳税额的计算**：年应纳税额 = 实际占用应税土地面积（平方米）× 适用税额
- **税收优惠**
  - (1) 免税
    - ①国家机关、人民团体、军队自用的
    - ②国家财政部门拨付事业经费的单位自用的
    - ③老年服务机构自用的
    - ④宗教寺庙、公园、名胜古迹自用的
    - ⑤市政街道、广场、绿化地带等公共用地
    - ⑥直接用于农、林、牧、渔业的生产用地
    - ⑦厂区内列举的“专业生产用地”
    - ⑧厂区以外，与社会用地未加隔离的公路、公共绿化等
    - ⑨向居民供热的企业，为居民供热所使用的
    - ⑩国家、非企业单位等拥有并用于体育活动的土地
  - (2) 减半征收：物流企业自有或承租的大宗商品仓储设施用地
  - (3) 特殊情况
    - ①无偿使用：“免税单位使用免，纳税单位使用征”
    - ②厂区以内的场内道路、公路、绿化用地、生产厂房、办公区、绿化带等征税
- **征收管理**
  - (1) 纳税义务发生时间：新占用耕地为批准征用之日起满 1 年；其余均为次月起征
  - (2) 纳税地点：土地所在地
  - (3) 纳税期限：按年计算、分期缴纳

笔记区

财产和行为税法律制度

耕地占用税

- 征税范围
  - (1) 包括：占用农用地建设建筑物或者从事非农业建设的
  - (2) 不包括：建设直接为农业生产服务的生产设施而占用农用地的
- 纳税人：占用耕地建设建筑物或者从事非农业建设的单位和个人
- 应纳税额的计算
  - (1) 应纳税额 = 实际占用耕地面积（平方米）× 适用税额
  - (2) 加征
    - ①占基本农田按 150% 征收
    - ②人均耕地低于 0.5 亩的加征不超过 50%
- 税收优惠
  - (1) 免税
    - ①军事设施、学校、幼儿园、社会福利机构、医疗机构占用
    - ②农村居民经批准搬迁，新建自用住宅占用耕地不超过原宅基地面积的部分
    - ③农村烈士遗属、“低保”农村居民等群体在规定用地标准以内新建自用住宅
  - (2) 其他优惠
    - ①铁路线路、公路线路、机场跑道、停机坪、港口、航道、水利工程占用耕地，减按 2 元 / 平方米征收
    - ②农村居民在规定用地标准以内占用耕地新建自用住宅，减半征收
- 征收管理
  - (1) 纳税义务发生时间：收到办理占用耕地手续的书面通知的当日
  - (2) 纳税期限：自纳税义务发生之日起 30 日内申报缴纳

契税

- 征税范围
  - (1) 包括
    - ①土地使用权出让、土地使用权转让（含出售、赠与和互换）
    - ②房屋买卖、赠与和互换
    - ③以土地、房屋权属作价投资、偿债、划转、奖励等
  - (2) 不包括
    - ①土地、房屋的典当、分拆（分割）、抵押以及出租等
    - ②土地承包经营权和土地经营权转移
- 纳税人：权属承受方，即“买方”
- 应纳税额的计算
  - (1) 应纳税额 = 计税依据 × 税率
  - (2) 计税依据
    - ①土地使用权出让的，为取得该土地使用权而支付的全部经济利益
    - ②土地使用权出售、房屋买卖的，为合同确定的成交价（含房屋装修费）（“以房抵债”和“以房易货”均属买卖）
    - ③无价格的转移，参照市价核定
    - ④土地使用权、房屋互换的，为支付的价格差额
- 税收优惠
  - (1) 免税
    - ①国家机关、事业单位、社会团体、军事单位、非营利性学校、医疗机构、社会福利机构承受土地、房屋用于办公、教学、医疗、科研、军事设施、养老、救助
    - ②承受荒山、荒地、荒滩土地使用权，用于农、林、牧、渔业生产
    - ③婚姻存续期间夫妻之间、离婚后分割共同财产变更土地、房屋权属
    - ④法定继承人通过继承承受土地、房屋权属
    - ⑤外国驻华使馆、领事馆、国际组织驻华代表机构承受土地、房屋权属

土地增值税

征收管理

└ ②因不可抗力灭失住房，重新承受住房

- (1) 纳税义务发生时间：签订土地、房屋权属转移合同获取的其他类似性质凭证的当日
- (2) 纳税地点：土地、房屋所在地
- (3) 纳税期限
  - ①需要办理权属登记的，在办理登记手续前申报缴纳
  - ②无须办理权属登记的，自纳税义务发生之日起 90 日内申报缴纳

征税范围

- (1) 房地产出租、抵押期间、评估增值均不征
- (2) 合作建房后按比例分房自用不征，对外转让征
- (3) 房地产开发企业将开发的房地产转为自用或出租，不征；代建房不征
- (4) 转让土地使用权征税，国有土地使用权出让不征
- (5) 继承、赠与直系亲属、公益赠与不征
- (6) 个人之间互换自有居住用房经核实不征，企业间交换征
- (7) 村民委员会、村民小组按照农村集体产权制度改革要求，将国有土地使用权、地上的建筑物及其附着物转移、变更到农村集体经济组织名下的，暂不征收土地增值税（新）

纳税人

转让方交，即卖方交

应纳税额的计算

- (1) 确定不含税收入额
- (2) 确定扣除项目金额
  - ①新建房地产开发项目
    - a. 取得土地使用权所支付的金额：据实扣除地价款、买地的契税，以及登记过户手续费等
    - b. 房地产开发成本：据实扣除土地征用费、耕地占用税及拆迁补偿费、前期工程费、建筑安装工程费、基础设施费、公共配套设施费、开发间接费用
    - c. 房地产开发费用
      - Ⅰ. 利息可分摊且有证明：利息 +（a+b）× 比例
      - Ⅱ. 利息不可分摊或无证明：（a+b）× 比例
    - d. 与转让房地产有关的税金：包括城市维护建设费、印花税、教育费附加
    - e. 加计扣除项目 =（a+b）× 20%　仅房企适用
  - ②销售存量房
    - a. 旧房的扣除　原则：有评估按评估、无评估看发票
      - Ⅰ. 有评估价：评估价 = 重置成本价 × 成新度折扣率
      - Ⅱ. 无评估价：按发票所载金额从购买年度起至转让年度止每年加计 5% 计算扣除
    - b. 地价款　题目给出则扣，不给则不考虑
    - c. 转让环节缴纳的税金
- (3) 计算增值额：增值额 = 不含增值税转让收入金额 − 扣除项目金额
- (4) 计算增值率，确定税率及速算扣除系数：增值率 = 增值额 ÷ 扣除项目金额 × 100%
- (5) 计算应纳税额：应纳税额 = 增值额 × 适用税率 − 扣除项目金额 × 速算扣除系数

财产和行为税法律制度

土地增值税

- 税收优惠
  - (1) 建造普通标准住宅出售，且增值率不超过 20%，免税（超过全额征）
  - (2) 企事业单位、社会团体以及其他组织转让旧房作为公共租赁住房，且增值率不超过 20%，免税
  - (3) 国家建设需要依法征用、收回的房地产，免税
  - (4) 因城市规划、国家建设需要而搬迁，纳税人自行转让房地产，免税
  - (5) 个人转让住房，免税
- 征收管理
  - (1) 纳税申报：签订合同后 7 日内申报；经常发生的，可定期进行申报
  - (2) 纳税清算
    - ①应进行清算
      - a. 房地产开发项目全部竣工、完成销售的
      - b. 整体转让未竣工决算房地产开发项目的
      - c. 直接转让土地使用权的
    - ②主管税务机关可以要求进行清算
      - a. 已竣工验收的房地产开发项目 85% 以上已转让，或未超过 85%，但剩余的可售建筑面积已经出租或自用的
      - b. 取得销售（预售）许可证满 3 年仍未销售完毕的
      - c. 纳税人申请注销税务登记但未办理土地增值税清算手续的

车船税

- 征税范围
  - (1) 依法应登记的机动车辆和船舶（不包括拖拉机）
  - (2) 无须登记的在单位内部场所行驶或作业的机动车辆和船舶
- 纳税人及扣缴义务人
  - (1) 纳税人：车船的所有人或者管理人
  - (2) 扣缴义务人：机动车第三者责任强制保险业务的保险机构
- 应纳税额的计算
  - (1) 年应纳税额 = 计税依据 × 适用年税额
  - (2) 计税依据
    - ①乘用车、商用客车、摩托车为每辆
    - ②商用货车、专用作业车、轮式专用机械车（不包括拖拉机）和挂车为整备质量每吨
    - ③机动船舶、非机动驳船和拖船为净吨位每吨
    - ④游艇为艇身长度每米
- 税收优惠
  - (1) 不征
    - ①临时入境的外国和特别行政区车辆
    - ②纯电动和燃料电池乘用车
  - (2) 免征
    - ①新能源车船：纯电动商用车、插电式（含增程式）混合动力汽车、燃料电池商用车
    - ②捕捞、养殖渔船
    - ③军队、武警、警用车船及悬挂应急救援专用号牌的消防救援车船
    - ④符合规定的外交人员车船
  - (3) 减半
    - ①节能汽车：1.6 升及以下小排量乘用车、符合标准的商用车

- 征收管理
  - (2) 纳税申报：分月计算，按年申报，一次性缴纳
  - (3) 纳税地点
    - ①扣缴义务人代收代缴的为扣缴义务人所在地
    - ②自行申报的，需要登记则为登记地；无须登记则为所有人或管理人所在地

资源税

- 征税范围
  - (1) 能源矿产
    - ①原油：天然原油（不含人造石油）
    - ②天然气
    - ③煤：原煤及以未税原煤加工的洗选煤
    - ④其他：页岩气、天然气水合物、煤成（层）气、铀、钍、油页岩、油砂、天然沥青、石煤、地热
  - (2) 金属矿产：黑色金属、有色金属
  - (3) 非金属矿产：矿物类、岩石类、宝玉石类
  - (4) 水气矿产：矿泉水、二氧化碳气、硫化氢气、氦气、氡气
  - (5) 盐类：钠盐、钾盐、镁盐、锂盐、天然卤水、海盐
  - (6) 水（试点）：地表水、地下水
- 应纳税额的计算
  - (1) 从价计征
    - ①应纳税额 = 不含税销售额 × 税率
    - ②销售额的确定
      - Ⅰ. 范围：以应税产品用于非货币性资产交换、捐赠、偿债、赞助、集资、投资、广告、样品、职工福利、利润分配，或者连续生产非应税产品
      - Ⅱ. 销售额的确定：自己同期同类平均价→他人同期同类平均价→非应税售价减后续加工环节的成本利润→组成计税价格　成本 ×（1+ 成本利润率）÷（1- 资源税税率）
  - (2) 从量计征：应纳税额 = 实际销售数量（或视同销售移送数量）× 定额税率
  - (3) 外购应税产品已纳税额的扣减
    - ①外购原矿 + 自采原矿，卖原矿
    - ②外购选矿 + 自产选矿，卖选矿
      - （①②）直接扣减外购原矿或选矿购进金额
    - ③外购原矿 + 自采原矿，加工后卖选矿
      - 准予扣减的购进金额 = 外购原矿 ×（原矿税率 ÷ 选矿税率）
- 税收优惠
  - (1) 不征
    - ①开采原油及在油田范围内运输原油过程中用于加热的原油、天然气
    - ②煤炭开采企业因安全生产需要抽采的煤成（层）气
  - (2) 20% 减征：低丰度油气田开采的原油、天然气
  - (3) 30% 减征
    - ①高含硫天然气、三次采油和深水油气田开采的原油、天然气
    - ②从衰竭期矿山开采的矿产品
  - (4) 40% 减征：稠油、高凝油
- 征收管理
  - (1) 纳税义务发生时间：一般为收款或索取凭据当日；自产自用为移送当日
  - (2) 纳税地点：矿产品为开采地；海盐为生产地
  - (3) 纳税期限
    - ①申报期限：按月、按季或按次
    - ②缴纳期限：月、季、次后 15 日之内

财产和行为税法律制度

环境保护税

征税范围
- (1) 包括大气污染物、水污染物、固体废物和噪声
- (2) 不包括
  - ①向依法设置的污水、生活垃圾集中处理场所排放应税污染物
  - ②在符合国家和地方环境保护标准的设施、场所贮存或者处置固体废物

纳税人
直接向环境排放应税污染物的企事业单位和其他生产经营者

应纳税额的计算
- (1) 应纳税额 = 计税依据 × 单位税额
- (2) 计税依据
  - ①大气污染物、水污染物为污染当量数
  - ②固体废物为排放量
  - ③噪声为超标的分贝数

税收优惠
- (1) 农业生产排放应税污染物，免征（不含规模化养殖）
- (2) 机动车、铁路机车等流动污染源排放应税污染物，免征
- (3) 依法设立的城乡污水集中处理、生活垃圾集中处理场所排放相应应税污染物，不超过国家和地方规定的排放标准，免征
- (4) 纳税人综合利用的固体废物，免征

印花税

征收范围和税目
- (1) 合同类：买卖、借款、融资租赁、租赁、承揽、建设工程、运输、技术、保管、仓储、财产保险合同
- (2) 产权转移书据
  - ①土地使用权出让和转让书据
  - ②房屋等建筑物、构筑物所有权转让书据
  - ③股权转让书据（不含上市公司股票）
  - ④商标专用权、著作权、专利权、专有技术使用权转让书据
- (3) 营业账簿
- (4) 证券交易（单边征收）

纳税人
- (1) 委托贷款借款合同的纳税人，为受托人和借款人
- (2) 按买卖合同或者产权转移书据税目缴纳印花税的拍卖成交确认书的纳税人，为拍卖标的的产权人和买受人
- (3) 同一应税凭证由两方或者两方以上当事人订立的，应当按照各自涉及的价款或者报酬分别计算应纳税额

证券交易为单边征收，仅对卖方征

计税依据
- (1) 增值税单独列明的，计税依据不含增值税，若未分别列明，则按合计金额计税贴花
- (2) 应税合同
  - ①承揽合同不含委托方提供的材料
  - ②租赁合同、融资租赁合同不含租赁财产价值
  - ③运输、仓储和保管合同均不含装卸费等其他杂费
  - ④借款合同不含利息
  - ⑤财产保险合同不含被保险物价值、赔偿款
- (3) 营业账簿：按实收资本、资本公积合计金额征税。金额不变不再纳税，金额增加差额纳税
- (4) 合同中未列明价款 / 金额的，按照订立合同时的市场价格确定；不能确定的，按实际结算的金额计算申报缴纳印花税
- (5) 合同中所列的金额与实际结算金额不一致，不变更应税凭证所列金额的，以所列金额为计税依据；变更所列金额的，以变更后的为计税依据
- (6) 同一应税凭证载有两个以上税目事项并分别列明金额的，按照各自适用的税目税率分别计算应纳税额；未分别列明金

税收优惠

- (2) 应税凭证的副本或抄本，免税
- (3) 对应税合同的同一项业务，既书立合同，又开立单据的，只就合同贴花
- (4) 无息或者贴息借款合同、国际金融组织向中国提供优惠贷款书立的借款合同，免税
- (5) 融资性售后回租业务中，出售租赁资产及购回租赁资产、所签订的合同，不征收印花税
- (6) 财产所有权人将财产赠与政府、学校、社会福利机构、慈善组织书立的产权转移书据，免税
- (7) 对个人出租、承租住房签订的租赁合同，免征印花税。对个人销售或购买住房，暂免征收
- (8) 自 2023 年 8 月 28 日起，证券交易印花税实施减半征收

征收管理

- (1) 纳税义务发生时间：书立应税凭证的当日；证券交易为完成证券交易的当日
- (2) 纳税期限：按季、按年或者按次计征的自季度、年度终了，或纳税义务发生之日起 15 日内申报纳税；证券交易印花税按周解缴

笔记区

第七章 税收征收管理法律制度

（考 5 ~ 7 分）

税收征收管理法律制度

税收征收管理法概述

- **适用范围**：依法由税务机关征收的各种税收的征收管理，均适用
- **征税主体**
  - (1) 权利：税收立法权、税务管理权、税款征收权、税务检查权、税务行政处罚权等
  - (2) 义务：宣传普法、保密等
- **纳税主体**
  - (1) 权利：知情权、要求保密权、纳税申报方式选择权、申请延期申报权、申请延期缴纳税款权、申请退还多缴税款权、依法享受税收优惠权、委托税务代理权、税收监督权、陈述与申辩权
  - (2) 义务：按期办理税务登记；依法设置、保管账簿，开具、使用、取得和保管发票；按期如实申报；缴纳或解缴税款；接受税务检查；及时提供信息；报告其他涉税信息等

税务管理

- **税务登记**
  - (1) 税务登记时限：30 天
  - (2) 国家机关、自然人、流动农村小商贩无须办理税务登记
  - (3) 发生住所变更需要改变税务机关的，先在原住所办理注销登记，再在 30 日内到新住所办理设立登记
  - (4) 设立和变更登记时，先工商后税务；注销登记时，先税务后工商
- **账簿和凭证管理**
  - (1) 纳税人 15 日内建账、扣缴义务人 10 日内建账
  - (2) 证、账、表至少保存 10 年
- **发票管理**
  - (1) 种类及联次：发票包括纸质发票和电子发票；纸质发票包括存根联、发票联和记账联
  - (2) 开具
    - ①一般情形卖方（收款方）开；特殊情形买方（付款方）开
    - ②应按照规定的时限、顺序、栏目，全部联次一次性如实开具，开具纸质发票时应加盖发票专用章
    - ③付款方取得发票时，不得要求变更品名和金额
    - ④不可虚开发票（开具与实际不符的发票）
    - ⑤小规模纳税人可自愿使用发票管理系统自行开具增值税专用发票（选择自行开具的，税务机关不再为其代开）
  - (3) 保管：已经开具的发票存根联和发票登记簿，应当保存 5 年。保存期满，报经税务机关查验后销毁
- **纳税申报**（变）
  - (1) 申报方式：自行申报、邮寄申报、数据电文申报、其他
  - (2) 申报要求
    - ①在纳税期内没有应纳税款的，也应当按照规定办理纳税申报
    - ②享受减税、免税待遇的，在减税、免税期间应当按照规定办理纳税申报
    - ③法院受理破产申请之日至企业注销之日，发生应税情形，按规定申报；指定管理人之日起，管理人可以企业名义办理纳税申报等涉税事宜

- 延期纳税申报
  - (2) 不可抗力：可以延期办理；但应在不可抗力情形消除后立即向税务机关报告
  - (3) 经核准延期报税的，应当在纳税期内按照上期实际缴纳的税额或者税务机关核定的税额预缴税款，并在核准的延期内办理税款结算

税款征收

- 税款征收主体
  - (1) 税务机关是税款征收的法定主体
  - (2) 税务机关依法征税，不得违法开征、停征、多征、提前征收、延缓征收或摊派税款
  - (3) 税务机关应当将各种税收的税款、滞纳金、罚款及时缴入国库，不得占压、挪用、截留，不得缴入国库以外或者国家规定的税款账户以外的任何账户
- 征收方式
  - (1) 查账征收：有账且健全
  - (2) 查定征收：有账但不健全的小型生产企业
  - (3) 查验征收：有账但不健全的小型非生产企业
  - (4) 定期定额征收：没账的个体工商户和个人独资企业
  - (5) 扣缴征收：包括代扣代缴和代收代缴
  - (6) 委托代征：零星分散、异地缴纳
- 应纳税额核定的情形
  - (1) 可以不设置账簿的
  - (2) 应设未设账簿的
  - (3) 擅自销毁或者拒不提供纳税资料的
  - (4) 账目混乱或者成本资料、收入凭证、费用凭证残缺不全，难以查账的
  - (5) 未按期办理纳税申报，税务机关责令限期申报后仍不申报的
  - (6) 纳税人申报的计税依据明显偏低，又无正当理由的

笔记区

税收征收管理法律制度

税款征收

延期缴纳税款

- (1) 适用情形：纳税人因有特殊困难，不能按期缴纳税款
  - ①不可抗力
  - ②扣除工资和社保后不足以纳税
- (2) 审批层级：省、自治区、直辖市税务机关
- (3) 申请方式：书面申请
- (4) 延期期限：最长不超过 3 个月
- (5) 延期内免于加收滞纳金

保障措施

- (1) 责令缴纳
  - ①未按期缴纳税款的，加收滞纳金：从滞纳税款之日（即税款缴纳期限届满次日）起，至实际缴纳税款为止，按日加收万分之五，仍不缴纳的强制执行
  - ②未办理税务登记的，核定其应纳税额，责令其缴纳应纳税款，仍不缴纳的强制执行
  - ③税务机关有根据认为逃避纳税义务行为的，可在规定的纳税期之前责令其限期缴纳应纳税款，仍不缴纳的责令提供纳税担保→保全措施→强制执行措施
- (2) 责令提供纳税担保
  - ①担保方式：纳税保证、纳税抵押、纳税质押
  - ②担保范围：税款、滞纳金和实现税款滞纳金的费用
  - ③适用情形
    - a. 税务机关有根据认为纳税人有避税行为，在规定的纳税期限之前经责令其限期缴纳税款，在限期内发现纳税人有明显的转移、隐匿其应纳税财产或应税收入的迹象，责成纳税人提供纳税担保的
    - b. 欠缴税款、滞纳金的纳税人或者其法定代表人需要出境的
    - c. 纳税人同税务机关在纳税上发生争议而未缴清税款，需要申请行政复议的
- (3) 税收保全措施
  - ①前提：税务机关认为纳税人有逃税行为，责令其提供纳税担保而不能提供的
  - ②措施：冻结、扣押、查封价值相当的资产
  - ③期限：一般不得超过 6 个月
- (4) 强制执行
  - ①前提：未按时缴纳税款或未按时缴纳担保税款，责令限期缴纳仍未缴纳的
  - ②措施：强制扣款、拍卖变卖
  - ③不适用财产
    - a. 个人及其所扶养家属维持生活必需的住房和用品
    - b. 单价 5 000 元以下的其他生活用品
    - 同样不适用税收保全
- (5) 欠税清缴：离境清缴、代位权和撤销权、欠税信息报告、欠税公告
- (6) 阻止出境：未结清应纳税款、滞纳金或者提供纳税担保的，税务机关可以通知出境管理机关阻止出境
- (7) 税收优先权
  - ①优先于无担保债权
  - ②纳税人发生欠税在前的，税收优先于抵押权、质权和留置权的执行
  - ③优先于罚款、没收违法所得

- 追征和补缴
  - （2）纳税人计算失误：3 年内追征，特殊情况 5 年内；加收滞纳金
  - （3）“偷、逃、抗、骗”：无限期追征；加收滞纳金

- **税务检查和纳税信用管理**
  - 税务机关职权 — 查账权、场地检查权、责成提供资料权、询问权、交通邮政检查权、存款账户检查权
  - 纳税信用管理
    - （1）管理对象
      - ①已办理税务登记，查账征收的企业
      - ②从首次在税务机关办理涉税事宜之日起时间不满一个评价年度的企业
      - ③评价年度内无生产经营业务收入的企业
      - ④适用企业所得税核定征收办法的企业
      - ⑤非独立核算分支机构可自愿参与纳税信用评价
    - （2）评价方式
      - ①年度评价指标得分：采取扣分方式
      - ②直接判级：适用于有严重失信行为的纳税人
    - （3）评价周期
      - ①一般情况：一个纳税年度
      - ②不参与本期评价
        - a. 纳入纳税信用管理时间不满一个评价年度
        - b. 因涉嫌税收违法被立案查处尚未结案
        - c. 被依法查出税收违法行为，税务机关正在依法处理，尚未办结
        - d. 已申请税务行政复议、提起行政诉讼尚未结案
  - 重大税收违法失信主体信息公布管理
    - （1）失信主体的确定
      - ①逃税 100 万元以上，且不缴或少缴应纳税款占各税种应纳税总额 10% 以上
      - ②欠税 100 万元以上
      - ③抗税、骗税
      - ④虚开专票或用于骗税的发票；虚开普票 100 份或 400 万元以上的
      - ⑤伪造、变造发票及周边
      - ⑥走逃失联
    - （2）案件信息公布管理：信息公布满 3 年的，在 5 个工作日内停止公布

笔记区

税收征收管理法律制度

税务行政复议

适用范围

- (1) 确认纳税主体、征税对象、征税范围、减税、免税、退税、抵扣税款、适用税率、计税依据、纳税环节、纳税期限、纳税地点，以及税款征收方式等行政行为
- (2) 征收税款、加收滞纳金
- (3) 扣缴义务人、受税务机关委托的单位和个人作出的代扣代缴、代收代缴、代征行为等

征税行为，必经复议

- (4) 对征税行为以外的其他行政行为不服　可复议、可诉讼

复议机关

- (1) 一般：找上级
- (2) 特殊
  - ①对国家税务总局不服的，先找国家税务总局，后可起诉或向国务院申请终裁
  - ②对税务所或稽查局不服的，找所属税务局
  - ③对逾期不缴纳罚款加处罚款不服的，找作出行政处罚决定的税务机关

复议程序

- (1) 申请期限：知道税务机关作出行政行为之日起 60 日内
- (2) 申请方式：书面或口头
- (3) 审查形式：书面审查、重大复杂案件公开听证
- (4) 参加人：申请人、被申请人和第三人　不含复议机关
- (5) 执行情况
  - ①一般不停止执行
  - ②停止执行的情形
    - a. 被申请人、复议机关认为需要停止执行的
    - b. 申请人、第三人申请且行政复议机关同意、法律规定停止的

复议决定

- (1) 期限：受理 60 日内决定；经批准，可延长最多 30 天
- (2) 效力：决定书一经送达，即发生法律效力

税收法律责任

违法行为分类和法律责任

- (1) 轻微违规责任
  - ①纳税人未按规定进行税务登记和纳税申报等相关事项的，责令限期改正，处 2 000 元以下的罚款；情节严重的，处 2 000 元以上 1 万元以下的罚款
  - ②扣缴义务人未照规定设置、保管有关资料的，责令限期改正，处 2 000 元以下的罚款；情节严重的，处 2 000 元以上 5 000 元以下的罚款
- (2) 严重违法违规责任
  - ①逃税、欠税的追缴税款和滞纳金，并处 50% 以上 5 倍以下罚款
  - ②抗税的追缴税款和滞纳金，并处 1 倍以上 5 倍以下罚款
  - ③骗税的追缴税款和滞纳金，并处税款 1 倍以上 5 倍以下的罚款，在规定期间内停止办理退税

“首违不罚”适用条件

- (1) 首次发生清单中所列事项
- (2) 危害后果轻微
- (3) 在税务机关发现前主动改正或者在税务机关责令限期改正的期限内改正

第八章 劳动合同与社会保险法律制度 （考 12 ~ 15 分）

劳动合同与社会保险法律制度

劳动合同法律制度

订立

- (1) 订立形式：书面（非全日制用工可口头）
- (2) 劳动关系建立时间：用工之日
- (3) 劳动合同签订时间：用工之日起 1 个月内；1 个月以上 1 年以下未签，2 倍工资，员工不签辞退 + 补偿；1 年以上未签，11 个月 2 倍工资 + 无固定期限劳动合同
- (4) 无效的劳动合同
  - ①情形
    - a. 欺诈、胁迫、乘人之危，违背真实意思
    - b. 用人单位免除自己的法定责任、排除劳动者权利
    - c. 违法
  - ②效力
    - a. 自订立起即无效
    - b. 部分无效的不影响其他部分效力
    - c. 合同无效但劳动者已付出劳动的，应支付报酬
    - d. 合同无效但给对方造成损失的，有过错的一方应赔偿

- ①用人单位：名称、住所和法定代表人或主要负责人
- ②劳动者：姓名、住址和身份证或身份证号
- ③劳动合同期限
  - a. 固定期限：合同期满劳动关系终止，协商可续订
  - b. 以完成一定工作任务为期限
  - c. 无固定期限
    - Ⅰ. 应当订立
      - · 连续工作满 10 年
      - · 用人单位初次实行劳动合同制度或者国有企业改制重新订立劳动合同时，劳动者在该单位连续工作满 10 年且距法定退休年龄不足 10 年
      - · 连续 2 次订立固定期限后再续订，且劳动者没有严重过错和不能胜任这两种情形
    - Ⅱ. 视为订立：单位不与劳动者订立劳动合同，从用工之日起满一年的第一天视为订立无固定期限的劳动合同
- ④工作内容和地点
- ⑤工作时间和休息、休假
  - a. 工作时间
    - Ⅰ. 标准工时制：每日 8 小时、每周 40 小时；特殊情形下，每天工作不超过 8 小时，每周不超过 40 小时，每周至少休息 1 天

- 条款
  - （1）必备条款
    - Ⅲ. 综合计算工时制
    - b. 休息、休假
      - Ⅰ. 法定假日
      - Ⅱ. 带薪年休假（工作时间均为累计）

累计工作年限	年假天数	不享受当年年休假的情形	
已满 1 年不满 10 年	5 天	病假累计 2 个月以上	职工依法享受寒暑假，天数多于年休假天数的。事假累计 20 天以上且单位按照规定不扣工资的
已满 10 年不满 20 年	10 天	病假累计 3 个月以上	
已满 20 年	15 天	病假累计 4 个月以上	

    - ⑥劳动报酬
      - a. 支付
        - Ⅰ. 法定货币支付，不得以实物和有价证券替代
        - Ⅱ. 约定日期支付，遇节假日提前支付
        - Ⅲ. 至少每月支付一次
      - b. 加班工资
        - Ⅰ. 工作日晚加班：150% 加班费
        - Ⅱ. 休息日加班：调休和 200% 加班费二选一
        - Ⅲ. 法定节假日加班：300% 加班费
      - c. 最低工资制度
        - Ⅰ. 支付的纯工资不得低于当地最低工资标准
        - Ⅱ. 扣工资时，每月扣除的部分不得超过劳动者当月工资的 20%，扣除后的剩余工资不低于最低工资标准
      - d. 未按规定支付的法律责任（先付，逾期不付才赔）
        - Ⅰ. 劳动行政部门责令限期支付（低于最低工资的应补差额）
        - Ⅱ. 逾期按应付金额 50% 以上 100% 以下加付赔偿金
    - ⑦社会保险
    - ⑧劳动保护、劳动条件和职业危害防护

劳动合同与社会保险法律制度

劳动合同法律制度

条款

（2）可备条款

①试用期

a. 期限

劳动合同期限	试用期
非全日制用工、以完成一定工作任务为期限、固定期限合同不满 3 个月	不得约定
3 个月以上，不满 1 年	不得超过 1 个月
1 年以上，不满 3 年	不得超过 2 个月
3 年以上固定期限	不得超过 6 个月
无固定期限	不得超过 6 个月

b. 规定

Ⅰ. 劳动合同仅约定试用期的，试用期不成立

Ⅱ. 同一用人单位与同一劳动者只能约定一次试用期

c. 工资：不低于本单位相同岗位最低档工资或劳动合同约定工资的 80%，并不得低于当地最低工资标准

d. 违法约定的法律责任

Ⅰ. 责令改正

Ⅱ. 违法约定的试用期（约定试用期太长）已经履行的，由用人单位向劳动者支付赔偿金

②服务期

a. 适用：劳动者因享受用人单位给予的特殊待遇（如专业培训）而作出的关于劳动履行期限的承诺

b. 规定

Ⅰ. 期满解除劳动合同无须支付违约金

Ⅱ. 服务期超过合同期的，合同期顺延至服务期结束

c. 违约责任

Ⅰ. 劳动者如违反服务期规定，应支付违约金

Ⅱ. 如为部分履行，则支付尚未履行部分所分摊的培训费用

③竞业限制

a. 双方权利与义务

Ⅰ. 用人单位：限制一定的择业权，并支付相应补偿

Ⅱ. 劳动者：遵守约定，否则支付违约金

b. 适用人群：高级管理、高级技术人员和其他有保密义务的人员 （并非所有的劳动者）

c. 最长期限：2 年，超过部分无效

变更

（1）变更劳动合同，应当采用书面形式

解除和终止

- (1) 解除
  - 经济补偿
  - ②法定解除（单方行为）
    - a. 劳动者可单方面解除
      - Ⅰ. 提前通知：正式工提前 30 日书面通知，试用期内提前 3 日通知 无补偿
      - Ⅱ. 随时通知：用人单位有错但不至于“危及生命”的
      - Ⅲ. 无须通知：以暴力、威胁、非法限制人身自由的手段强迫劳动者劳动的，或者违章指挥、强令冒险作业危及劳动者人身安全的
      - （Ⅱ、Ⅲ）有补偿
    - b. 用人单位可单方面解除
      - Ⅰ. 劳动者患病或者非因工负伤，医疗期满后不能从事原工作，也不能从事由用人单位另行安排的工作的
      - Ⅱ. 劳动者不能胜任工作，经过培训或者调整工作岗位，仍不能胜任工作的
      - Ⅲ. 客观情况发生重大变化，致使劳动合同无法履行的
      - Ⅳ. 经济性裁员
        - · 需要裁减人员 20 人或不足 20 人但占企业职工总数 10% 以上的，提前 30 日向工会或者全体职工说明情况，听取意见后，裁员方案应向劳动行政部门报告
        - · 优先留用：签订长期劳动合同或无固定期限劳动合同的、家庭无其他就业人员或有需要扶养人员的
        - · 优先录用：裁员后在 6 个月内重新招用人员的，被裁人员在同等条件下优先招用
      - （Ⅰ～Ⅳ）有补偿
      - Ⅴ. 劳动者在试用期间被证明不符合录用条件或有严重过错的 随时通知解除，无补偿
- (2) 终止
  - ①法定终止
    - a. 劳动合同期满，用人单位降低劳动合同约定条件续订劳动合同，或不再续订
    - b. 以完成一定工作任务为期限的劳动合同任务完成
    - c. 用人单位破产、被吊销营业执照、责令关闭、撤销或解散
    - （a～c）有补偿
    - d. 劳动合同期满，用人单位维持或者提高劳动合同约定条件续订劳动合同，劳动者不同意
    - e. 劳动者退休或开始依法享受基本养老保险待遇
    - f. 劳动者死亡，或者被人民法院宣告死亡或者宣告失踪
    - （d～f）无补偿
  - ②不得终止
    - a. 工伤、职业病；患病或者非因工负伤医疗期内
    - b. 孕期、产期、哺乳期内
    - c. 在本单位连续工作满 15 年，且距法定退休年龄不足 5 年

劳动合同与社会保险法律制度

劳动合同法律制度

- 解除和终止
  - （3）经济补偿金的计算
    - ①经济补偿金 = 工作年限 × 月工资
    - ②补偿年限
      - a. 每满 1 年给 1 个月工资作为补偿金
      - b. 工作 6 个月以上不满 1 年，按 1 年计算（付 1 个月工资）
      - c. 工作不满 6 个月，付半个月工资
      - d. 月均工资高于当地上年度职工月平均工资 3 倍的，年限最高不超过 12 年
    - ③月工资
      - a. 一般：劳动合同解除或者终止前 12 个月的平均工资，含奖金、津贴和补贴等货币性收入
      - b. 月均工资低于当地最低工资标准，按照当地最低工资标准计算
      - c. 月均工资高于当地上年度职工月平均工资 3 倍的，按职工月平均工资 3 倍计算
  - （4）违法解除或终止的法律责任
    - ①解除或终止违法：按规定的经济补偿标准支付 2 倍赔偿金，未支付经济补偿金的先支付经济补偿金，逾期未支付经济补偿金的再加付赔偿金
    - ②解除不违法但未支付经济补偿：限期支付经济补偿；逾期未支付，按应付金额 50% 以上 100% 以下的标准加付赔偿金
- 特殊用工方式
  - （1）非全日制用工
    - ①合同订立：可订立口头协议，可与多家单位订立劳动合同，不得约定试用期
    - ②合同解除及终止：任何一方都可以随时通知对方终止用工，且无须支付经济补偿金
    - ③劳动报酬
      - a. 报酬标准不得低于当地最低工资标准
      - b. 结算周期最长不得超过 15 日
  - （2）劳务派遣
    - ①劳务派遣单位
      - a. 与劳动者订立 2 年以上的固定期限劳动合同，不得非全日制用工
      - b. 工资按月支付，且被派遣劳动者在无工作期间应按最低工资标准支付
      - c. 解除或终止劳动合同应支付经济补偿金或者赔偿金
    - ②用工单位
      - a. 被派遣劳动者数量不得超过其用工总量（正式员工 + 派遣员工）的 10%
      - b. 不得将被派遣劳动者再派遣到其他用人单位
      - c. 不得设立劳务派遣单位向本单位或者所属单位派遣劳动者
      - d. 被派遣劳动者与用工单位的劳动者同工同酬
- 劳动仲裁
  - （1）适用范围：适用于绝大部分因劳动关系、劳动合同、辞职辞退离职、工作时间、休假、社保福利、培训及劳动保护、报酬、补偿金、赔偿金等发生的争议
  - （2）原则：劳动争议先仲裁、后诉讼
  - （3）一裁终局
    - ①适用情形
      - a. 追索劳动报酬、工伤医疗费、经济补偿或者赔偿金，不超过当地月最低工资标准 12 个月金额的争议
      - b. 因执行国家的劳动标准在工作时间、休息休假、社会保险等方面发生的争议
    - ②救济途径
      - a. 劳动者可自收到裁决书之日起 15 日内直接起诉
      - b. 用人单位可自收到裁决书之日起 30 日内向仲裁委员会所在地中级人民法院申请撤销该裁决，不能直接起诉

- (4) 程序和裁定
  - ①申请
    - Ⅰ. 自当事人知道或者应当知道其权利被侵害之日起 1 年
    - Ⅱ. 因拖欠劳动报酬发生争议，在职期间不受 1 年时效的限制；离职后应自劳动关系中止之日起 1 年内提出
    - b. 形式：应书面、可口头；免费
  - ②裁决
    - a. 开庭且公开（仲裁协议不公开或者涉及商业秘密和个人隐私的经书面申请应当不公开）
    - b. 人数：1 人（简单）或 3 人（设首席）
    - c. 应调解

社会保险法律制度

基本养老保险

- (1) 征缴范围
  - ①不征缴基本养老保险的人群：公务员、在校学生
  - ②灵活就业人员可以参保，由个人缴纳保险费
- (2) 资金来源
  - ①组成
    - a. 单位缴费：工资基数 × 16%
    - b. 个人缴费：工资基数 × 8%
  - ②工资基数：职工上年度月平均工资，同时不低于当地月平均工资 60%，不高于 300%
- (3) 享受条件与待遇
  - ①享受条件
    - a. 达到法定退休年龄
    - b. 累计缴费满 15 年（非连续）
  - ②待遇
    - a. 职工基本养老金：向符合条件的参保人按月支付基本养老金
    - b. 丧葬补助金和遗属抚恤金：因病或者非因工死亡的，其遗属可以领取丧葬补助金和抚恤金
    - c. 病残津贴：未达到法定退休年龄，因病或非因工致残而完全丧失劳动能力的，可领取

基本医疗保险

- (1) 征缴范围：所有单位及职工，无例外
- (2) 计算：基本医疗保险个人账户资金 = 工资总额 × 6% × 30%+ 工资总额 × 2%
- (3) 医疗期
  - ①医疗期内病假工资最低不能低于当地最低工资标准的 80%
  - ②医疗期内不得解除劳动合同，除非满足用人单位“随时通知”解除的条件
  - ③医疗期内劳动合同期满，劳动合同必须延续至医疗期满，职工在此期间仍然享受医疗期内待遇
  - ④医疗期长度

参加工作年限A（年）	本单位工作年限B（年）	享受医疗期（月）	累计病休计算期（月）	
$A < 10$	$B < 5$	3	6	医疗期 ×2
	$B \geq 5$	6	12	
$A \geq 10$	$B < 5$	6	12	医疗期 +6
	$5 \leq B < 10$	9	15	
	$10 \leq B < 15$	12	18	
	$15 \leq B < 20$	18	24	
	$B \geq 20$	24	30	

劳动合同与社会保险法律制度

社会保险法律制度

工伤保险

- (1) 征缴范围：所有类型的单位，职工不缴纳
- (2) 工伤认定
  - ①应当认定
    - a. 在工作时间和工作场所内，因工作原因受到事故伤害的，或因履行工作职责受到暴力等意外伤害的
    - b. 工作时间前后在工作场所内，因从事与工作有关的预备性或收尾性工作而受伤的
    - c. 患职业病的
    - d. 因工外出期间，由于工作原因受到伤害或者发生事故下落不明的
    - e. 在上下班途中，因非本人主要责任的交通事故而受到伤害的
  - ②视同工伤
    - a. 在工作时间和工作岗位，突发疾病死亡或在 48 小时内经抢救无效死亡的
    - b. 在抢险救灾等维护国家利益、公共利益活动中受到伤害的
    - c. 原在军队服役，因战、因公负伤致残，已取得革命伤残军人证，到用人单位后旧伤复发的
  - ③不认定
    - a. 故意犯罪
    - b. 醉酒或者吸毒
    - c. 自残或者自杀
- (3) 待遇
  - ①工伤待遇
    - a. 在认定为工伤的停工留薪期：停工留薪期的工资福利、生活护理费（单位付）、医疗费、住院伙食补助等
    - b. 经鉴定丧失劳动能力、评定伤残等级后：生活护理费、一次性伤残补助金、一次性工伤医疗补助金、一次性伤残就业补助金（单位付）、伤残津贴（5、6 级单位付），停工留薪期满后仍需治疗，继续享受工伤医疗待遇
  - ②停工留薪期的工资福利待遇
    - a. 工资福利待遇不变
    - b. 时间一般不超过 12 个月；特殊情况可以延长，延长不得超过 12 个月
  - ③工亡待遇
    - a. 丧葬补助金：为 6 个月当地上年度职工月平均工资
    - b. 供养亲属抚恤金
    - c. 一次性工亡补助金：上一年度全国城镇居民人均可支配收入的 20 倍

    个人死亡，同时符合领取基本养老保险、工伤保险、失业保险丧葬补助金条件的，只能选一项适用

- (1) 征缴范围：所有类型的单位及其职工
- (2) 享受条件（同时满足）
  - ①缴纳失业保险费满 1 年
  - ②失业事实（非因本人意愿中断就业）

失业保险

(3) 失业保险待遇

- ①失业保险金
  - b. 期限
    - Ⅰ.1 年≤缴费期限＜5 年的，领取 12 个月
    - Ⅱ.5 年≤缴费期限＜10 年的，领取 18 个月
    - Ⅲ.缴费期限≥10 年的，领取 24 个月
- ②其他待遇
  - a. 失业人员应当缴纳的基本医疗保险费由失业保险基金支付，个人不缴纳，但享受基本医疗保险待遇
  - b. 如在领取失业保险金期间死亡，由失业保险基金支付给其遗属
  - c. 接受职业介绍、职业培训的补贴由失业保险基金支付

(4) 停止享受待遇的情形

- ①重新就业的
- ②应征服兵役的
- ③移居境外的
- ④享受基本养老保险待遇的
- ⑤被判刑收监执行的
- ⑥无正当理由，拒不接受当地人民政府指定部门或者机构介绍的适当工作或者提供的培训的

笔记区